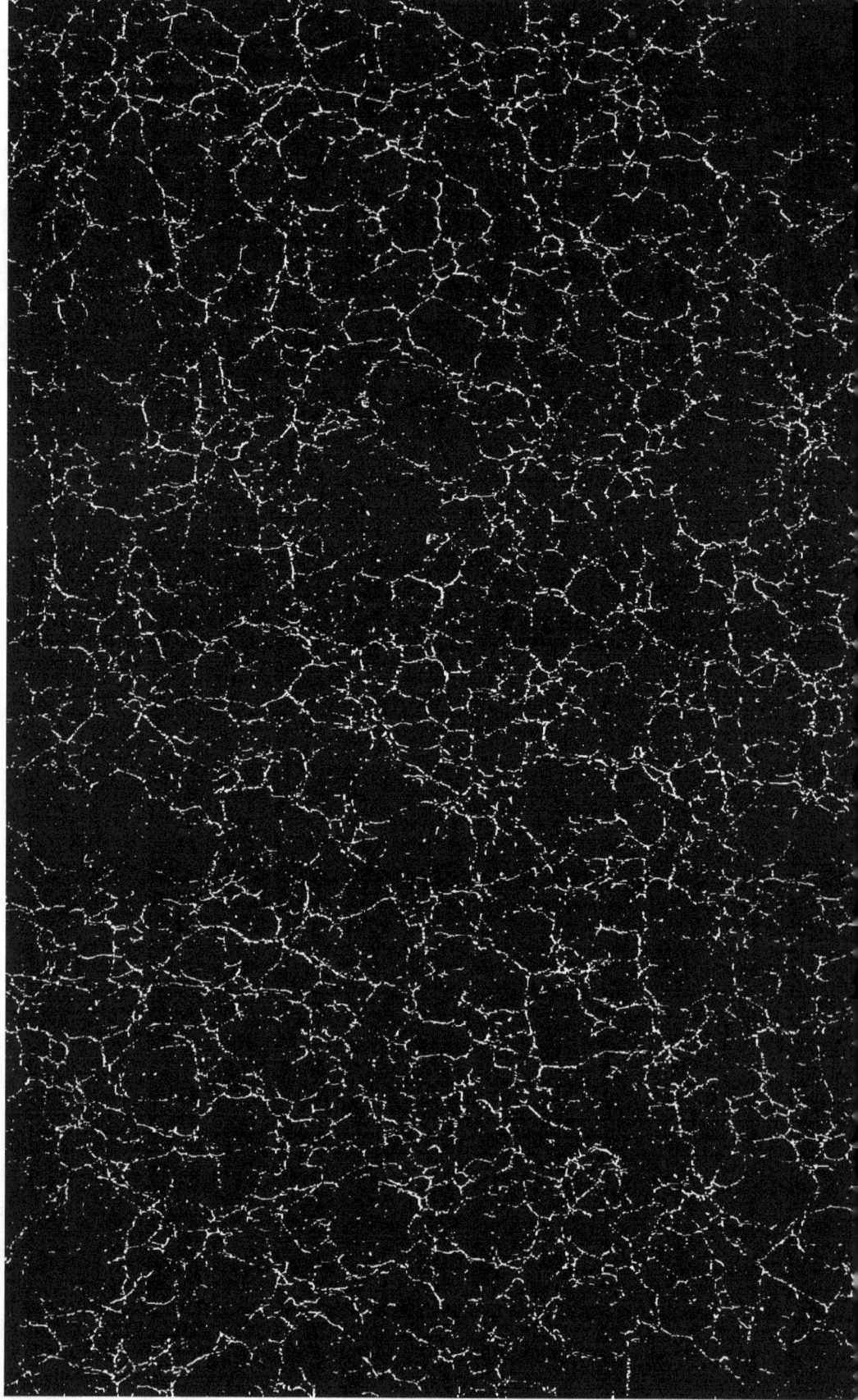

LA PETITE

FADETTE.

En vente chez les mêmes éditeurs.

BIBLIOTHÈQUE LITTÉRAIRE

Format in-18 anglais à 2 francs le volume.

LAMARTINE.

TROIS MOIS AU POUVOIR........	1 vol.

ALEXANDRE DUMAS.

LE COMTE DE MONTE-CRISTO........	6
LE CAPITAINE PAUL........	1
LE CHEVALIER D'HARMENTAL........	2
LES TROIS MOUSQUETAIRES........	2
VINGT ANS APRÈS, suite des Trois Mousquetaires........	3
LA REINE MARGOT........	2
LA DAME DE MONSOREAU........	3
JACQUES ORTIS........	2
QUINZE JOURS AU SINAÏ........	1
LE CHEVALIER DE MAISON-ROUGE........	1
GEORGES........	1
FERNANDE........	1
PAULINE ET PASCAL BRUNO........	1
SOUVENIRS D'ANTONY........	1
SYLVANDIRE........	1
LE MAÎTRE D'ARMES........	1
UNE FILLE DU RÉGENT........	1
LA GUERRE DES FEMMES........	2
ISABEL DE BAVIÈRE........	2
AMAURY........	1
SOUVENIRS DRAMATIQUES (sous presse)........	1
CÉCILE........ (»)........	1
ASCANIO........ (»)........	2

LOUIS REYBAUD.

JÉRÔME PATUROT à la recherche de la meilleure des Républiques..

L. VITET.

LES ÉTATS D'ORLÉANS, scènes historiques.................... 1

PAUL FÉVAL.

LE FILS DU DIABLE........	4
LES MYSTÈRES DE LONDRES........	3
LES AMOURS DE PARIS (sous presse)........	2

MICHEL MASSON.

LES CONTES DE L'ATELIER.................... 2

ALBERT AUBERT.

LES ILLUSIONS DE JEUNESSE DU CÉLÈBRE M. BOUDIN..... 1

Imprimerie Dondey-Dupré, rue Saint-Louis, 46, au Marais

LA PETITE
FADETTE

PAR

GEORGE SAND.

2

PARIS.
MICHEL LÉVY FRÈRES, LIBRAIRES-ÉDITEURS
RUE VIVIENNE, 1.

1849

I

I

Sur le jour, Landry, étant occupé à la couvraille, vit passer la petite Fadette. Elle marchait vite et allait du côté d'une taille où Madelon faisait de la feuille pour ses moutons. C'était l'heure de délier les bœufs, parce qu'ils avaient fait leur demi-journée; et Landry, en les reconduisant au pacage, regardait toujours courir la petite Fadette, qui marchait si légère qu'on ne la voyait point fouler l'herbe. Il était curieux de savoir ce qu'elle allait dire à Madelon, et, au lieu de se presser d'aller manger sa soupe, qui l'attendait dans le sillon encore chaud du fer de la charrue, il s'en alla doucement le long de la taille, pour écouter ce que tramaient ensemble ces deux jeunesses. Il ne pouvait les voir, et, comme Madelon marmottait des réponses d'une voix sourde, il ne savait point ce qu'elle disait ; mais la voix de la petite Fadette, pour être douce, n'en était pas moins claire, et il ne perdait pas une de ses paroles, encore qu'elle ne criât point du tout. Elle parlait de lui à la Madelon, et elle lui faisait connaître, ainsi qu'elle l'avait promis à Landry, la parole qu'elle lui avait prise, dix mois auparavant, d'être à son commandement pour une chose dont elle le requerrait à son plaisir. Et elle expliquait cela si humblement et si gentillement que c'était plaisir de l'entendre. Et puis, sans parler du follet, ni de la peur que Landry en avait eue, elle conta qu'il avait manqué de se noyer en prenant à faux le gué des Roulettes, la veille de Saint-Andoche. Enfin, elle exposa du bon côté tout ce qui en était, et elle démontra que tout le mal venait de la fantaisie et de la vanité qu'elle avait eues de danser avec un grand gars, elle qui n'avait jamais dansé qu'avec les petits.

Là-dessus, la Madelon, comme écolérée, éleva la voix pour dire : « Qu'est-ce que me fait tout cela? Danse toute ta vie avec les bessons de la Bessonnière, et ne crois pas, grelet, que tu me fasses le moindre tort, ni la moindre envie.

Et la Fadette reprit: Ne dites pas des paroles si dures pour le pauvre Landry, Madelon, car Landry vous a donné son cœur, et si vous ne voulez le prendre, il en aura plus de chagrin que je ne saurais dire. » Et pourtant elle le dit, et en si jolies paroles, avec un ton si caressant et en donnant à Landry de telles louanges, qu'il aurait voulu retenir toutes ses façons de parler pour s'en servir à l'occasion et qu'il rougissait d'aise en s'entendant approuver de la sorte.

La Madelon s'étonna aussi pour sa part du joli parler de la petite Fadette; mais, elle la dédaignait trop pour le lui témoigner. « Tu as une belle jappe et une fière hardiesse, lui dit-elle, et on dirait que ta grand'mère t'a fait une leçon pour essayer d'enjôler le monde; mais je n'aime pas à causer avec les sorcières, ça porte malheur; et je te prie de me laisser, grelet cornu. Tu as trouvé un galant, garde-le, ma mignonne, car c'est le premier et le dernier qui aura fantaisie pour ton vilain museau. Quant à moi, je ne voudrais pas de ton reste, quand même ça serait le fils du roi. Ton Landry n'est qu'un sot, et il faut qu'il soit bien peu de chose, puisque, croyant me l'avoir enlevé, tu viens me prier déjà de le reprendre. Voilà un beau galant pour moi, dont la petite Fadette elle-même ne se soucie point!

— Si c'est là ce qui vous blesse, répondit la Fadette, d'un ton qui alla jusqu'au fin fond du cœur de Landry, et si vous êtes fière à ce point de ne vouloir être juste qu'après m'avoir humiliée, contentez-vous donc, et mettez sous vos pieds, belle Madelon, l'orgueil et le courage du pauvre grelet des champs. Vous croyez que je dédaigne Landry et que, sans cela, je ne vous prierais pas de lui pardonner. Eh bien, sachez, si cela vous plaît, que je l'aime depuis longtemps déjà : que c'est le seul garçon auquel j'aie jamais pensé, et peut-être celui à qui je penserai toute ma vie, mais que je suis trop raisonnable et trop fière aussi pour jamais penser à m'en faire aimer. Je sais ce qu'il est, et je sais ce que je suis. Il est beau, riche et considéré;

je suis laide, pauvre et méprisée. Je sais donc très-bien qu'il n'est point pour moi, et vous avez bien dû voir comme il me dédaignait à la fête. Alors, soyez donc satisfaite, puisque celui que la petite Fadette n'ose pas seulement regarder vous voit avec des yeux remplis d'amour. Punissez la petite Fadette, en vous moquant d'elle et en lui reprenant celui qu'elle n'oserait vous disputer. Que si ce n'est par amitié pour lui, ce soit au moins pour punir mon insolence, et promettez-moi, quand il reviendra s'excuser auprès de vous, de le bien recevoir et de lui donner un peu de consolation.

Au lieu d'être apitoyée par tant de soumission et de dévouement, la Madelon se montra très-dure, et renvoya la petite

Fadette, en lui disant toujours que Landry était bien ce qu'il lui fallait, et que, quant à elle, elle le trouvait trop enfant et trop sot. Mais le grand sacrifice que la Fadette avait fait d'elle-même porta son fruit, en dépit des rebuffades de la belle Madelon. Les femmes ont le cœur fait en cette mode, qu'un jeune gars commence à leur paraître un homme sitôt qu'elles le voient estimé et choyé par d'autres femmes. La Madelon, qui n'avait jamais pensé bien sérieusement à Landry, se mit à y penser beaucoup, aussitôt qu'elle eut renvoyé la Fadette. Elle se remémora tout ce que cette belle parleuse lui avait dit de l'amour de Landry, et, en songeant que la Fadette en était éprise au point d'oser le lui avouer, elle se glorifia de pouvoir tirer vengeance de cette pauvre fille.

Elle alla, le soir, à la Priche, dont sa demeurance n'était éloignée que de deux ou trois portées de fusil, et, sous couleur de chercher une de ses bêtes qui s'était mêlée aux champs avec celles de son oncle, elle se fit voir à Landry, et, de l'œil, l'encouragea à s'approcher d'elle pour lui parler.

Landry s'en aperçut très-bien ; car, depuis que la petite Fadette s'en mêlait, il était singulièrement dégourdi d'esprit. La Fadette est sorcière, pensa-t-il ; elle m'a rendu les bonnes grâces de Madelon, et elle a plus fait pour moi, dans une causette d'un quart d'heure, que je n'aurais su faire dans une année. Elle a un esprit merveilleux et un cœur comme le bon Dieu n'en fait pas souvent.

Et, en pensant à cela, il regardait Madelon, mais si tranquillement qu'elle se retira sans qu'il se fût encore décidé de lui parler. Ce n'est point qu'il fût honteux devant elle; sa honte s'était envolée sans qu'il sût comment; mais, avec la honte, le plaisir qu'il avait eu à la voir, et aussi l'envie qu'il avait eue de s'en faire aimer.

A peine eut-il soupé qu'il fit mine d'aller dormir. Mais il sortit de son lit par la ruelle, glissa le long des murs et s'en fut droit au gué des Roulettes. Le feu follet y faisait encore sa petite danse ce soir-là. Du plus loin qu'il le vit sautiller, Landry pensa : C'est tant mieux, voici le fadet, la Fadette n'est pas loin. Et il passa le gué sans avoir peur, sans se tromper, et il alla jusqu'à la maison de la mère Fadet, furetant et regardant de tous côtés. Mais il y resta un bon moment sans voir de lumière et sans entendre aucun bruit. Tout le monde était couché. Il espéra que le grelet, qui sortait souvent le soir après que sa grand'mère et son sauteriot étaient endormis, vaguerait quelque part aux environs. Il se mit à vaguer de son côté. Il traversa la Joncière, il alla à la carrière du Chaumois, sifflant et chantant pour se faire remarquer; mais il ne rencontra que le blaireau qui fuyait dans les chaumes, et la chouette qui sifflait sur son arbre. Force lui fut de rentrer sans avoir pu remercier la bonne amie qui l'avait si bien servi.

II

II

Toute la semaine se passa sans que Landry pût rencontrer la Fadette, de quoi il était bien étonné et bien soucieux. Elle va croire encore que je suis ingrat, pensait-il, et pourtant, si je ne la vois point, ce n'est pas faute de l'attendre et de la chercher. Il faut que je lui aie fait de la peine en l'embrassant quasi malgré elle dans la carrière, et pourtant ce n'était pas à mauvaise intention, ni dans l'idée de l'offenser.

Et il songea durant cette semaine plus qu'il n'avait songé dans toute sa vie ; il ne voyait pas clairement dans sa propre cervelle, mais il était pensif et agité, et il était obligé de se forcer pour travailler ; car, ni les grands bœufs, ni la charrue reluisante, ni la belle terre rouge, humide de la fine pluie d'automne, ne suffisaient plus à ses contemplations et à ses rêvasseries.

Il alla voir son besson le jeudi soir, et il le trouva soucieux comme lui. Sylvinet était un caractère différent du sien, mais pareil quelquefois par le contre-coup. On aurait dit qu'il devinait que quelque chose avait troublé la tranquillité de son frère, et pourtant il était loin de se douter de ce que ce pouvait être. Il lui demanda s'il avait fait la paix avec Madelon, et, pour la première fois, en lui disant que oui, Landry lui fit volontairement un mensonge. Le fait est que Landry n'avait pas dit un mot à Madelon, et qu'il pensait avoir le temps de le lui dire ; rien ne le pressait.

Enfin vint le dimanche, et Landry arriva des premiers à la messe. Il entra avant qu'elle fût sonnée, sachant que la petite Fadette avait coutume d'y venir dans ce moment-là, parce qu'elle faisait toujours de longues prières, dont un chacun se moquait. Il vit une petite, agenouillée dans la chapelle de la sainte Vierge, et qui, tournant le dos, cachait sa figure dans ses mains pour prier avec recueillement. C'était bien la posture de la petite Fadette, mais ce n'était ni son coiffage, ni sa tournure, et Landry ressortit pour voir s'il ne la trouverait point sous le porche, qu'on appelle chez nous guenillière, à cause que les gredots peilleroux, qui sont mendiants loqueteux, s'y tiennent pendant les offices.

Les guenilles de la Fadette furent les seules qu'il n'y vit point, il entendit la messe sans l'apercevoir, et ce ne fut qu'à la préface que, regardant encore cette fille, qui priait si dévotement dans la chapelle, il lui vit lever la tête et reconnut son grelet, dans un habillement et un air tout nouveaux pour lui. C'était bien toujours son pauvre dressage, son jupon de droguet, son devanteau rouge et sa coiffe de linge sans dentelle; mais elle avait reblanchi, recoupé et recousu tout cela dans le courant de la semaine. Sa robe était plus longue et tombait plus convenablement sur ses bas, qui étaient bien blancs, ainsi que sa coiffe, laquelle avait pris la forme nouvelle et s'attachait gentillement sur ses cheveux noirs bien lissés ; son fichu était neuf et d'une jolie couleur jaune doux qui faisait valoir sa peau brune. Elle avait aussi rallongé son corsage, et, au lieu d'avoir l'air d'une pièce de bois habillée, elle avait la taille fine et ployante comme le corps d'une belle mouche à miel. De plus, je ne sais pas avec quelle mixture de fleurs ou d'herbes elle avait lavé pendant huit jours son visage et ses mains, mais sa figure pâle et ses mains mignonnes avaient l'air aussi net et aussi doux que la blanche épine du printemps.

Landry, la voyant si changée, laissa tomber son livre d'heures, et, au bruit qu'il fit, la petite Fadette se retourna tout à fait et le regarda, tout en même temps qu'il la regardait. Et elle devint un peu rouge, pas plus que la petite rose des buissons; mais cela la fit paraître quasi-belle, d'autant plus que ses yeux noirs, auxquels jamais personne n'avait pu trouver à redire, laissèrent échapper un feu si clair qu'elle en parut transfigurée. Et Landry pensa encore : Elle est sorcière; elle a voulu devenir belle, de laide qu'elle était, et la voilà belle par miracle. Il en fut comme transi de peur; et sa peur ne l'empêchait pourtant point d'avoir une telle envie de s'approcher d'elle et de lui parler, que, jusqu'à la fin de la messe, le cœur lui en sautât d'impatience.

Mais elle ne le regarda plus, et, au lieu de se mettre à courir et à folâtrer avec les enfants après sa prière, elle s'en alla si discrètement qu'on eut à peine le temps de la voir si changée et si amendée. Landry n'osa point la suivre, d'autant que Sylvinet ne le quittait point des yeux ; mais, au bout d'une heure, il réussit à s'échapper, et, cette fois, le cœur le poussant et le dirigeant, il trouva la petite Fadette qui gardait sagement ses bêtes dans le petit chemin creux qu'on appelle la *Traîne-au-Gendarme*, parce qu'un gendarme du roi y a été tué par les gens de la Cosse, dans les temps anciens, lorsqu'on voulait forcer le pauvre monde à payer la taille et à faire la corvée, contrairement aux termes de la loi, qui était déjà bien assez dure, telle qu'on l'avait donnée.

III

178

III

Comme c'était dimanche, la petite Fadette ne cousait ni ne filait en gardant ses ouailles. Elle s'occupait à un amusement tranquille que les enfants de chez nous prennent quelquefois bien sérieusement. Elle cherchait le trèfle à quatre feuilles, qui se trouve bien rarement et qui porte bonheur à ceux qui peuvent mettre la main dessus.

— L'as-tu trouvé, Fanchon? lui dit Landry aussitôt qu'il fut à côté d'elle.

— Je l'ai trouvé souvent, répondit-elle; mais cela ne porte point bonheur comme l'on croit, et rien ne me sert d'en avoir trois brins dans mon livre.

Landry s'assit auprès d'elle, comme s'il allait se mettre à causer. Mais voilà que tout d'un coup il se sentit plus honteux qu'il ne l'avait jamais été auprès de Madelon et que, pour avoir eu intention de dire bien des choses, il ne put trouver un mot.

La petite Fadette prit honte aussi, car, si le besson ne lui disait rien, du moins il la regardait avec des yeux étranges. Enfin, elle lui demanda pourquoi il paraissait étonné en la regardant.

— A moins, dit-elle, que ce ne soit à cause que j'ai arrangé mon coiffage. En cela j'ai suivi ton conseil, et j'ai pensé que, pour avoir l'air raisonnable, il fallait commencer par m'habiller raisonnablement. Aussi je n'ose pas me montrer, car j'ai peur qu'on ne m'en fasse encore reproche, et qu'on ne dise que j'ai voulu me rendre moins laide sans y réussir.

— On dira ce qu'on voudra, dit Landry, mais je ne sais pas ce que tu as fait pour devenir jolie ; la vérité est que tu l'es aujourd'hui, et qu'il faudrait se crever les yeux pour ne point le voir.

— Ne te moque pas, Landry, reprit la

petite Fadette. On dit que la beauté tourne la tête aux belles, et que la laideur fait la désolation des laides. Je m'étais habituée à faire peur, et je ne voudrais pas devenir sotte en croyant faire plaisir. Mais ce n'est pas de cela que tu venais me parler, et j'attends que tu me dises si la Madelon t'a pardonné.

— Je ne viens pas pour te parler de la Madelon. Si elle m'a pardonné, je n'en sais rien et ne m'en informe point. Seulement, je sais que tu lui as parlé, et si bien parlé que je t'en dois grand remerciement.

— Comment sais-tu que je lui ai parlé? elle te l'a donc dit? En ce cas, vous avez fait la paix?

— Nous n'avons point fait la paix; nous

ne nous aimions pas assez, elle et moi, pour être en guerre. Je sais que tu lui as parlé, parce qu'elle l'a dit à quelqu'un qui me l'a rapporté.

La petite Fadette rougit beaucoup, ce qui l'embellit encore, car jamais jusqu'à ce jour-là elle n'avait eu sur les joues cette honnête couleur de crainte et de plaisir qui enjolive les plus laides ; mais, en même temps, elle s'inquiéta en songeant que la Madelon avait dû répéter ses paroles, et la donner en risée pour l'amour dont elle s'était confessée au sujet de Landry.

— Qu'est-ce que la Madelon a donc dit de moi ? demanda-t-elle.

— Elle a dit que j'étais un grand sot, qui ne plaisait à aucune fille, pas même à la petite Fadette ; que la petite Fadette me méprisait, me fuyait, s'était cachée toute la semaine pour ne me point voir, quoique, toute la semaine, j'eusse cherché et couru de tous côtés pour rencontrer la petite Fadette. C'est donc moi qui suis la risée du monde, Fanchon, parce que l'on sait que je t'aime et que tu ne m'aimes point.

— Voilà de méchants propos, répondit la Fadette tout étonnée, car elle n'était pas assez sorcière pour deviner que dans ce moment-là, Landry était plus fin qu'elle ; je ne croyais pas la Madelon si menteuse et si perfide. Mais il faut lui pardonner cela, Landry, car c'est le dépit qui la fait parler, et le dépit c'est l'amour.

— Peut-être bien, dit Landry, c'est pourquoi tu n'as point de dépit contre moi,

Fanchon. Tu me pardonnes tout, parce que, de moi, tu méprises tout.

— Je n'ai point mérité que tu me dises cela, Landry; non, vrai, je ne l'ai pas mérité. Je n'ai jamais été assez folle pour dire la menterie qu'on me prête. J'ai parlé autrement à Madelon. Ce que je lui ai dit n'était que pour elle, mais ne pouvait te nuire et aurait dû, bien au contraire, lui prouver l'estime que je faisais de toi.

— Ecoute, Fanchon, dit Landry, ne disputons pas sur ce que tu as dit, ou sur ce que tu n'as point dit. Je veux te consulter, toi qui es savante. Dimanche dernier, dans la carrière, j'ai pris pour toi, sans savoir comment cela m'est venu, une amitié si forte que de toute la semaine je n'ai mangé ni dormi mon soûl. Je ne veux rien te cacher, parce qu'avec une fille aussi fine que toi, ça serait peine perdue. J'avoue donc que j'ai eu honte de mon amitié le lundi matin, et j'aurais voulu m'en aller bien loin pour ne plus retomber dans cette folleté. Mais lundi soir, j'y étais déjà retombé si bien, que j'ai passé le gué à la nuit sans m'inquiéter du follet, qui aurait voulu m'empêcher de te chercher, car il était encore là, et quand il m'a fait sa méchante risée, je la lui ai rendue. Depuis lundi, tous les matins, je suis comme imbécile, parce que l'on me plaisante sur mon goût pour toi; et, tous les soirs, je suis comme fou, parce que je sens mon goût plus fort que la mauvaise honte. Et voilà qu'aujourd'hui je te vois gentille et de si sage apparence que tout le monde va s'en étonner aussi, et qu'avant quinze jours, si tu continues comme cela, non-seulement on me pardonnera d'être amoureux de toi, mais encore il y en aura d'autres qui le seront bien fort. Je n'aurai donc pas de mérite à t'aimer; tu ne me devras guère de préférence. Pourtant, si tu te souviens de dimanche dernier, jour de la Saint-Andoche, tu te souviendras aussi que je t'ai demandé, dans la carrière, la permission de t'embrasser, et que je l'ai fait avec autant de cœur que si tu n'avais pas été réputée laide et haïssable. Voilà tout mon droit, Fadette. Dis-moi si cela peut compter, et si la chose te fâche au lieu de te persuader.

La petite Fadette avais mis sa figure dans ses deux mains, et elle ne répondit point. Landry croyait, par ce qu'il avait entendu de son discours à la Madelon, qu'il était aimé d'elle, et il faut dire que cet amour-là lui avait fait tant d'effet qu'il avait commandé tout d'un coup le sien. Mais, en voyant la pose honteuse et triste de cette petite, il commença à craindre qu'elle n'eût fait un conte à la Madelon, pour, par bonne intention, faire réussir le raccommodement qu'elle négociait. Cela le rendit encore plus amoureux, et il en prit du chagrin. Il lui ôta ses mains du visage et la vit si pâle qu'on eût dit qu'elle allait mourir ; et, comme il lui reprochait vivement de ne pas répondre à l'affolement qu'il se sentait pour elle, elle se laissa aller sur la terre, joignant ses mains et soupirant, car elle était suffoquée et tombait en faiblesse.

IV

VI

IV

Landry eut bien peur, et lui frappa dans les mains pour la faire revenir. Ses mains étaient froides comme des glaçons et roides comme du bois. Il les échauffa et les frotta bien longtemps dans les siennes, et quand elle put retrouver la parole, elle lui dit :

— Je crois que tu te fais un jeu de moi, Landry. Il y a des choses dont il ne faut pourtant point plaisanter. Je te prie donc de me laisser tranquille et de ne me parler jamais, à moins que tu n'aies quelque chose à me demander, auquel cas je serai toujours à ton service.

— Fadette, Fadette, dit Landry, ce que vous dites là n'est point bon. C'est vous qui vous êtes jouée de moi. Vous me détestez, et pourtant vous m'avez fait croire autre chose.

— Moi ! dit-elle tout affligée. Qu'est-ce que je vous ai donc fait accroire ? Je vous ai offert et donné une bonne amitié, comme celle que votre besson a pour vous, et peut-être meilleure ; car, moi, je n'avais pas de jalousie, et, au lieu de vous traverser dans vos amours, je vous y ai servi.

— C'est la vérité, dit Landry. Tu as été bonne comme le bon Dieu, et c'est moi qui ai tort de te faire des reproches. Pardonne-moi, Fanchon, et laisse-moi t'aimer comme je pourrai. Ça ne sera peut-être pas aussi tranquillement que j'aime mon besson ou ma sœur Nanette, mais je te promets de ne plus chercher à t'embrasser si cela te répugne.

Et, faisant retour sur lui-même, Landry s'imagina qu'en effet la petite Fadette n'avait pour lui que de l'amitié bien tranquille; et, parce qu'il n'était ni vain ni fanfaron, il se trouva aussi craintif et aussi peu avancé auprès d'elle que s'il n'eût point entendu de ses deux oreilles ce qu'elle avait dit de lui à la belle Madelon.

Quant à la petite Fadette, elle était assez fine pour connaître enfin que Landry était bel et bien amoureux comme un fou, et c'est pour le trop grand plaisir qu'elle en avait qu'elle s'était trouvée comme en pamoison pendant un moment. Mais elle craignait de perdre trop vite un bonheur si vite gagné; à cause de cette crainte, elle voulait donner à Landry le temps de souhaiter vivement son amour.

Il resta auprès d'elle jusqu'à la nuit, car, encore qu'il n'osât plus lui conter fleurette, il en était si épris et il prenait tant de plaisir à la voir et à l'écouter parler, qu'il ne pouvait se décider à la quitter un moment. Il joua avec le sauteriot, qui n'était jamais loin de sa sœur, et et qui vint bientôt les rejoindre. Il se

montra bon pour lui et s'aperçut bientôt
que ce pauvre petit, si maltraité par tout
le monde, n'était ni sot ni méchant avec
qui le traitait bien ; mêmement, au bout
d'une heure, il était si bien apprivoisé et si
reconnaissant qu'il embrassait les mains du
besson et l'appelait mon Landry, comme
il appelait sa sœur ma Fanchon ; et Landry était compassionné et attendri pour
lui, trouvant tout le monde et lui-même
dans le passé bien coupables envers les
deux pauvres enfants de la mère Fadette,
lesquels n'avaient besoin, pour être les
meilleurs de tous que d'être un peu aimés
comme les autres.

Le lendemain et les jours suivants,
Landry réussit à voir la petite Fadette,
tantôt le soir, et alors il pouvait causer

un peu avec elle, tantôt le jour, en la rencontrant dans la campagne : et encore qu'elle ne pût s'arrêter longtemps, ne voulant point et ne sachant point manquer à son devoir, il était content de lui avoir dit quatre ou cinq mots de tout son cœur et de l'avoir regardée de tous ses yeux. Et elle continuait à être gentille dans son parler, dans son habillement et dans ses manières avec tout le monde. Ce qui fit que tout le monde y prit garde, et que bientôt on changea de ton et de manières avec elle. Comme elle ne faisait plus rien qui ne fût à propos, on ne l'injuria plus, et, comme elle ne s'entendit plus injurier, elle n'eut plus tentation d'invectiver ni de chagriner personne. Mais, comme l'opinion des gens ne tourne pas aussi vite que nos résolutions, il devait encore s'écouler du temps avant qu'on passât pour elle du mépris à l'estime et de l'aversion au bon vouloir. On vous dira plus tard comment se fit ce changement ; quant à présent, vous pouvez bien vous imaginer vous-même qu'on ne donna pas grosse part d'attention au rangement de la petite Fadette. Quatre ou cinq bons vieux et bonnes vieilles, de ceux qui regardent s'élever la jeunesse avec indulgence, et qui sont, dans un endroit, comme les pères et mères à tout le monde, devisaient quelquefois entre eux sous les noyers de la Cosse, en regardant tout ce petit ou jeune monde, grouillant autour d'eux, ceux-ci jouant aux quilles, ceux-là dansant. Et les vieux disaient : « Celui-ci sera un beau soldat s'il continue, car il a le corps trop bon pour réussir à se faire exempter ; celui-là sera finet et entendu comme son père ; cet autre aura bien la sagesse et la tranquillité de sa mère ; voilà une jeune Lucette qui promet une bonne servante de ferme; voici une grosse Louise qui plaira à plus d'un, et quant à cette petite Marion, laissez-la grandir, et la raison lui viendra bien comme aux autres. »

Et, quand ce venait au tour de la petite Fadette à être examinée et jugée :

— La voilà qui s'en va bien vite, disait-on, sans vouloir chanter ni danser. On ne la voit plus depuis la Saint-Andoche. Il faut croire qu'elle a été grandement choquée de ce que les enfants d'ici l'ont décoiffée à la danse; aussi a-t-elle changé son grand calot, et à présent on dirait qu'elle n'est pas plus vilaine qu'une autre.

—Avez-vous fait attention comme la peau lui a blanchi depuis un peu de temps? disait une fois la mère Couturier. Elle avait la figure comme un œuf de caille, à force qu'elle était couverte de taches de rousseur; et la dernière fois que je l'ai vue de près, je me suis étonnée de la trouver si blanche, et mêmement si pâle que je lui ai demandé si elle n'avait point eu la fièvre. A la voir comme elle est maintenant, on dirait qu'elle pourra se refaire; et, qui sait? il y en a eu de laides qui devenaient belles en prenant dix-sept ou dix-huit ans.

— Et puis la raison vient, dit le père Naubin, et une fille qui s'en ressent apprend à se rendre élégante et agréable. Il est bien temps que le grelet s'aperçoive qu'elle n'est point un garçon. Mon Dieu! on pensait qu'elle tournerait si mal que ça serait une honte pour l'endroit. Mais elle se rangera et s'amendera comme les autres. Elle sentira bien qu'elle doit se faire pardonner d'avoir eu une mère si blâmable, et vous verrez qu'elle ne fera point parler d'elle.

— Dieu veuille, dit la mère Courtillet, car c'est vilain qu'une fille ait l'air d'un cheveu échappé; mais j'en espère aussi, de cette Fadette, car je l'ai rencontrée devant z'hier, et au lieu qu'elle se mettait toujours derrière moi à contrefaire ma boîterie, elle m'a dit bonjour et demandé mon portement avec beaucoup d'honnêteté.

— Cette petite-là dont vous parlez est plus folle que méchante, dit le père Henri. Elle n'a point mauvais cœur, c'est moi qui vous le dis; à preuve qu'elle a souvent gardé mes petits enfants aux champs avec elle, par pure complaisance, quand ma fille était malade ; et elle les soignait très-bien, et ils ne la voulaient plus quitter.

— C'est-il vrai ce qu'on m'a raconté, reprit la mère Couturier, qu'un des bessons au père Barbeau s'en était affolé à la dernière Saint-Andoche !

—Allons-donc ! répondit le père Naubin ; il ne faut pas prendre ça au sérieux. C'était une amusette d'enfants, et les Barbeau ne sont point bêtes, les enfants pas plus que le père ni la mère, entendez-vous ?

Ainsi devisait-on sur la petite Fadette, et le plus souvent on n'y pensait mie, parce qu'on ne la voyait presque plus.

V

V

Mais qui la voyait souvent et faisait grande attention à elle, c'était Landry Barbeau. Il en était comme enragé en lui-même, quand il ne pouvait lui parler à son aise; mais sitôt qu'il se trouvait un moment avec elle, il était apaisé et content de lui, parce qu'elle lui enseignait la raison et le consolait dans toutes ses idées. Elle jouait avec lui un petit jeu qui était peut-être bien entaché d'un peu de coquetterie ; du moins, il le pensait quelquefois ; mais comme son motif était l'honnêteté, et qu'elle ne voulait point de son amour, à moins qu'il n'eût bien tourné et retourné la chose dans son esprit, il n'avait point droit de s'en offenser. Elle ne pouvait pas le suspecter de la vouloir tromper sur la force de cet amour-là, car c'était une espèce d'amour comme on n'en voit pas souvent chez les gens de campagne, lesquels aiment plus patiemment [que ceux des villes. Et justement Landry était un caractère patient plus que bien d'autres; jamais on n'aurait pu présager qu'il se laisserait brûler si fort à la chandelle, et qui l'eût su (car il le cachait bien) s'en fût grandement émerveillé. Mais la petite Fadette, voyant qu'il s'était donné à elle si entièrement et si subitement, avait peur que ce ne fût feu de paille, ou bien encore qu'elle même prenant feu du mauvais côté, la chose n'allât plus loin entre eux que l'honnêteté ne permet à deux enfants qui ne sont point encore en âge d'être mariés, du moins au dire des parents et de la prudence ; car l'amour n'attend guère, et, quand une fois il s'est mis dans le sang de deux jeunesses, c'est miracle s'il attend l'approbation d'autrui.

Mais la petite Fadette, qui avait été dans son apparence plus longtemps enfant qu'une autre, possédait au-dedans une raison et une volonté bien au-dessus de son âge. Pour que cela fût, il fallait qu'elle eût un esprit d'une fière force, car son cœur était aussi ardent, et plus encore peut-être que le cœur et le sang de Landry. Elle l'aimait comme une folle, et pourtant elle se conduisait avec une grande sagesse ; car si le jour, la nuit, à toute heure de son temps, elle pensait à lui et séchait d'impatience de le voir et d'envie de le caresser, aussitôt qu'elle le voyait elle prenait un air tranquille, lui parlait raison, feignait même de ne point encore connaître le feu de l'amour, et ne lui permettait pas de lui serrer la main plus haut que le poignet.

Et Landry, qui, dans les endroits retirés où ils se trouvaient souvent ensemble, et mêmement quand la nuit était bien noire, aurait pu s'oublier jusqu'à ne plus se soumettre à elle, tant il était ensorcelé, craignait pourtant si fort de lui déplaire, et se tenait pour si peu certain d'être aimé d'amour, qu'il vivait aussi innocemment avec elle que si elle eût été sa sœur, et lui Jeannot, le petit sauteriot.

Pour le distraire de l'idée qu'elle ne voulait point encourager, elle l'instruisait dans les choses qu'elle savait, et dans lesquelles son esprit et son talent naturel avaient surpassé l'enseignement de sa grand'mère. Elle ne voulait faire mystère de rien à Landry, et comme il avait toujours un peu peur de la sorcellerie, elle mit tous ses soins à lui faire comprendre que le diable n'était pour rien dans les secrets de son savoir.

— Va, Landry, lui dit-elle un jour, tu

n'as que faire de craindre l'intervention du mauvais esprit. Il n'y a qu'un esprit et il est bon, car c'est celui de Dieu. Lucifer est de l'invention de M. le curé, et Georgeon de l'invention des vieilles commères de campagne. Quand j'étais toute petite, j'y croyais, et j'avais peur des maléfices de ma grand'mère. Mais elle se moquait de moi, car l'on a bien raison de dire que si quelqu'un doute de tout, c'est celui qui fait tout croire aux autres, et que personne ne croit moins à Satan que les sorciers qui feignent de l'invoquer à tout propos. Ils savent bien qu'ils ne l'ont jamais vu et qu'ils n'ont jamais reçu de lui aucune assistance. Ceux qui ont été assez simples pour y croire et pour l'appeler, n'ont jamais pu le faire venir, à preuve le meunier de la Passe-aux-Chiens, qui, comme ma grand'mère me l'a raconté, s'en allait aux quatre chemins avec une grosse trique, pour appeler le diable et lui donner, disait-il, une bonne vannée. Et on l'entendait crier dans la nuit : Viendras-tu, figure de loup? Viendras-tu, chien enragé? Viendras-tu, Georgeon du diable ? Et jamais Georgeon ne vint, si bien que ce meunier en était devenu quasi fou de vanité, disant que le diable avait peur de lui.

— Mais, disait Landry, ce que tu crois là, que le diable n'existe point, n'est pas déjà trop chrétien, ma petite Fanchon.

— Je ne peux pas disputer là-dessus, répondit-elle ; mais, s'il existe, je suis bien assurée qu'il n'a aucun pouvoir pour venir sur la terre nous abuser et nous demander notre âme pour la retirer du bon Dieu. Il n'aurait pas tant d'insolence, et, puisque la terre est au bon Dieu, il n'y a que le bon Dieu qui puisse gouverner les choses et les hommes qui s'y trouvent.

Et Landry, revenu de sa folle peur, ne pouvait pas s'empêcher d'admirer combien, dans toutes ses idées et dans toutes ses prières, la petite Fadette était bonne chrétienne. Mêmement elle avait une dévotion plus jolie que celle des autres. Elle aimait Dieu avec tout le feu de son cœur, car elle avait en toutes choses la tête vive et le cœur tendre, et quand elle parlait de cet amour-là à Landry, il se sentait tout étonné d'avoir été enseigné à dire des prières et à suivre des pratiques qu'il n'avait jamais pensé à comprendre, et où il se portait respectueusement de sa personne par l'idée de son devoir, sans que son cœur se fût jamais échauffé d'amour pour son Créateur, comme faisait celui de la petite Fadette.

VI

VI

Tout en devisant et marchant avec elle, il apprit la propriété des herbes et toutes les recettes pour la guérison des personnes et des bêtes, il essaya bientôt l'effet des dernières sur une vache au père Caillaud, qui avait pris l'enflure pour avoir trop mangé de vert; et, comme le vétérinaire l'avait abandonnée, disant qu'elle n'en avait pas pour une heure, il lui fit boire le breuvage que la Fadette lui avait appris à composer. Il le fit secrètement; et, au matin, comme les laboureurs, bien contrariés de la perte d'une si belle vache, venaient la chercher pour la jeter dans un trou, ils la trouvèrent debout et commençant à flairer la nourriture, ayant bon œil, et quasiment toute désenflée. Une autre fois, un poulain fut mordu de la vipère, et Landry, suivant toujours les enseignements de la petite Fadette, le sauva bien lestement. Enfin, il put essayer aussi le remède contre la rage sur un chien de la Priche, qui fut guéri et ne mordit personne. Comme Landry cachait de son mieux ses accointances avec la petite Fadette, il ne se vanta pas de sa science, et on n'attribua la guérison de ses bêtes qu'aux grands soins qu'il leur avait donnés. Mais le père Caillaud, qui s'y entendait aussi, comme tout bon fermier ou métayer doit le faire, s'étonna en lui-même, et dit :

— Le père Barbeau n'a pas de talent pour le bestiau, et mêmement il n'a point de bonheur ; car il en a beaucoup perdu l'an dernier, et ce n'était pas la première fois. Mais Landry y a la main très-heureuse, et c'est une chose avec laquelle on vient au monde. On l'a ou on ne l'a pas ; et, quand même on irait étudier dans les écoles comme les *artistes,* cela ne sert de rien si on n'y est adroit de naissance. Or je vous dis que Landry est adroit, et que son idée lui fait trouver ce qui convient.

C'est un grand don de nature qu'il a reçu, et ça lui vaudra mieux que du capital pour bien conduire une ferme.

Ce que disait là le père Caillaud n'était pas d'un homme crédule et sans raison, seulement il se trompait en attribuant un don de nature à Landry. Landry n'en avait pas d'autre que celui d'être soigneux et entendu à appliquer les recettes de son enseignement. Mais le don de nature n'est point une fable, puisque la petite Fadette l'avait, et qu'avec si peu de leçons raisonnables que sa grand'mère lui avait données, elle découvrait et devinait comme qui invente, les vertus que le bon Dieu a mises dans certaines herbes et dans certaines manières de les employer. Elle n'était point sorcière pour cela, elle avait raison de s'en défendre; mais elle avait l'esprit qui observe, qui fait des comparaisons, des remarques, des essais; et cela c'est un don de nature, on ne peut pas le nier. Le père Caillaud poussait la chose un peu plus loin. Il pensait que tel bouvier ou tel laboureur a la main plus ou moins bonne, et que, par la seule vertu de sa présence dans l'étable, il fait du bien ou du mal aux animaux. Et pourtant, comme il y a toujours un peu de vrai dans les plus fausses croyances, on doit accorder que les bons soins, la propreté, l'ouvrage fait en conscience, ont une vertu pour amener à bien ce que la négligence ou la bêtise font empirer.

Comme Landry avait toujours mis son idée et son goût dans ces choses-là, l'amitié qu'il avait conçue pour la Fadette s'augmenta de toute la reconnaissance qu'il lui dut pour son instruction et de toute l'estime qu'il faisait du talent de cette jeune fille. Il lui sut alors grand gré de l'avoir forcé à se distraire de l'amour dans les promenades et les entretiens qu'il faisait avec elle, et il reconnut aussi qu'elle avait pris plus à cœur l'intérêt et l'utilité de son amoureux, que le plaisir de se laisser courtiser et flatter sans cesse comme il l'eût souhaité d'abord.

Landry fut bientôt si épris qu'il avait mis tout à fait sous ses pieds la honte de laisser paraître son amour pour une petite fille réputée laide, mauvaise et mal élevée. S'il y mettait de la précaution, c'était à cause de son besson, dont il connaissait la jalousie et qui avait eu déjà un grand effort à faire pour accepter sans dépit l'amourette que Landry avait eue pour Madelon, amourette bien petite et bien tranquille au prix de ce qu'il sentait maintenant pour Fanchon Fadet.

Mais, si Landry était trop animé dans son amour pour y mettre de la prudence, en revanche, la petite Fadette, qui avait un esprit porté au mystère, et qui, d'ailleurs, ne voulait pas mettre Landry trop à l'épreuve des taquineries du monde, la petite Fadette, qui, en fin de compte, l'aimait trop pour consentir à lui causer des peines dans sa famille, exigea de lui un si grand secret qu'ils passèrent environ un an avant que la chose se découvrît. Landry avait habitué Sylvinet à ne plus surveiller tous ses pas et démarches, et le pays, qui n'est guère peuplé et qui est tout coupé de ravins et tout couvert d'arbres, est bien propice aux secrètes amours.

Sylvinet, voyant que Landry ne s'occupait plus de la Madelon, quoiqu'il eût accepté d'abord ce partage de son amitié comme un mal nécessaire rendu plus doux par la honte de Landry et la prudence de cette fille, se réjouit bien de penser que Landry n'était pas pressé de lui retirer son cœur pour le donner à une femme, et, la jalousie le quittant, il le laissa plus libre de ses occupations et de ses courses, les jours de fête et de repos. Landry ne manquait pas de prétextes pour aller et venir, et, le dimanche soir surtout, il quittait la Bessonnière de bonne heure et ne rentrait à la Priche que sur le minuit ; ce qui lui était bien commode, parce qu'il s'était fait donner un petit lit dans le capharnion. Vous me reprendrez peut-être sur ce mot-là, parce que le maître d'école s'en fâche et veut qu'on dise *capharnaüm* ; mais, s'il connaît le mot, il ne connaît point la chose, car j'ai été obligé de lui apprendre que c'était l'endroit de la grange voisin des étables, où l'on serre les jougs, les chaînes, les ferrages et épelettes de toute espèce qui servent aux bêtes de labour et aux instruments du travail de la terre. De cette manière, Landry pouvait rentrer à l'heure qu'il voulait sans réveiller personne, et il avait toujours son dimanche à lui jusqu'au lundi matin, pour ce que le père Caillaud et son fils aîné, qui tous deux étaient des hommes très-sages, n'allant jamais dans les cabarets et ne faisant point noce de tous les jours fériés, avaient coutume de prendre sur eux tout le soin et toute la surveillance de la ferme ces jours-là ; afin, disaient-ils, que toute la jeunesse de la maison, qui travaillait plus qu'eux dans la semaine, pût s'ébattre et se divertir en liberté, selon l'ordonnance du bon Dieu.

Et durant l'hiver, où les nuits sont si froides qu'on pourrait difficilement causer d'amour en pleins champs, il y avait pour Landry et la petite Fadette un bon refuge dans la tour à Jacot, qui est un ancien colombier de redevance, abandonné des pigeons depuis longues années, mais qui est bien couvert et bien fermé, et qui dépend de la ferme au père Caillaud. Mêmement il s'en servait pour y serrer le surplus de ses denrées, et comme Landry en avait la clé, et qu'il est situé sur les confins des terres de la Priche, non loin du gué des Roulettes, et dans le milieu d'une luzernière bien close, le diable eût été fin s'il eût été surprendre là les entretiens de ces deux jeunes amoureux. Quand le temps était doux, ils allaient parmi les tailles, qui sont jeunes bois de coupe, et dont le pays est tout parsemé. Ce sont encore bonnes retraites pour les voleurs et les amants, et comme de voleurs il n'en est point dans notre pays, les amants en profitent, et n'y trouvent pas plus la peur que l'ennui.

VII

VII

Mais, comme il n'est secret qui puisse durer, voilà qu'un beau jour de dimanche, Sylvinet, passant le long du mur du cimetière, entendit la voix de son besson qui parlait à deux pas de lui, derrière le retour que faisait le mur. Landry parlait bien doucement : mais Sylvinet connaissait si bien sa parole, qu'il l'aurait devinée, quand même il ne l'aurait pas entendue.

— Pourquoi ne veux-tu pas venir danser? disait-il à une personne que Sylvinet ne voyait point. Il y a si longtemps qu'on ne t'a point vue t'arrêter après la messe, qu'on ne trouverait pas mauvais que je te fasse danser, moi qui suis censé ne plus quasiment te connaître. On ne dirait pas que c'est par amour, mais par honnê-teté, et parce que je suis curieux de savoir si après tant de temps tu sais encore bien danser.

— Non, Landry, non, répondit une voix que Sylvinet ne reconnut point, parce qu'il y avait longtemps qu'il ne l'avait en-tendue, la petite Fadette s'étant tenue à l'écart de tout le monde, et de lui particulièrement. — Non, disait-elle, il ne faut point qu'on fasse attention à moi, ce sera le mieux, et si tu me faisais danser une fois, tu voudrais recommencer tous les dimanches, et il n'en faudrait pas tant pour faire causer. Crois ce que je t'ai toujours dit, Landry, que le jour où l'on saura que tu m'aimes sera le commencement de nos peines. Laisse-moi m'en aller, et quand tu auras passé une partie du jour avec ta famille et ton besson, tu viendras me rejoindre où nous sommes convenus.

— C'est pourtant triste de ne jamais danser! dit Landry; tu aimais tant la danse, mignone, et tu dansais si bien! Quel plaisir ça me serait de te tenir par la main et de te faire tourner dans mes bras, et de te voir, si légère et si gentille, ne danser qu'avec moi !

— Et c'est justement ce qu'il ne faudrait point, reprit-elle. Mais je vois bien que tu regrettes la danse, mon bon Landry, et je ne sais pas pourquoi tu y as renoncé. Va donc danser un peu ; ça me fera plaisir de songer que tu t'amuses, et je t'attendrai plus patiemment.

— Oh ! tu as trop de patience, toi ! dit Landry d'une voix qui n'en marquait guère ; mais moi, j'aimerais mieux me faire couper les deux jambes que de danser avec des filles que je n'aime point, et que je n'embrasserais pas pour cent francs.

— Eh bien, si je dansais, reprit la Fadette, il me faudrait danser avec d'autres qu'avec toi, et me laisser embrasser aussi.

— Va-t'en, va-t'en bien vitement, dit Landry ; je ne veux point qu'on t'embrasse.

— Sylvinet n'entendit plus rien que des pas qui s'éloignaient, et, pour n'être point surpris aux écoutes par son frère, qui revenait vers lui, il entra vivement dans le cimetière et le laissa passer.

Cette découverte-là fut comme un coup de couteau dans le cœur de Sylvinet. Il ne chercha point à découvrir quelle était la fille que Landry aimait si passionnément. Il en avait bien assez de savoir qu'il y avait une personne pour laquelle Landry le délaissait et qui avait toutes ses pensées, au point qu'il les cachait à son besson, et que celui-ci n'en recevait point la confidence. Il faut qu'il se défie de moi, pensa-t-il, et que cette fille qu'il aime tant le porte à me craindre et à me détester. Je ne m'étonne plus de voir qu'il est toujours si ennuyé à la maison, et si inquiet quand je veux me promener avec lui. J'y renonçais, croyant voir qu'il avait le goût d'être seul ; mais, à présent, je me garderai bien d'essayer à le troubler. Je ne lui dirai rien ; il m'en voudrait d'avoir surpris ce qu'il n'a pas voulu me confier. Je souffrirai tout seul, pendant qu'il se réjouira d'être débarrassé de moi.

Sylvinet fit comme il se promettait, et même il le poussa plus loin qu'il n'était besoin, car non-seulement il ne chercha plus à retenir son frère auprès de lui, mais encore, pour ne le point gêner, il quittait le premier la maison et allait rêvasser tout seul dans son ouche, ne voulant plus aller dans la campagne : parce que, pensait-il, si je venais à y rencontrer Landry, il s'imaginerait que je l'épie et me ferait bien voir que je le dérange.

Et peu à peu son ancien chagrin, dont il s'était quasiment guéri, lui revint si lourd et si obstiné qu'on ne tarda pas à le voir sur sa figure. Sa mère l'en reprit doucement; mais, comme il avait honte, à dix-huit ans, d'avoir les mêmes faiblesses d'esprit qu'il avait eues à quinze, il ne voulut jamais confesser ce qui le rongeait.

Ce fut ce qui le sauva de la maladie; car le bon Dieu n'abandonne que ceux qui s'abandonnent eux-mêmes, et celui qui a le courage de renfermer sa peine est plus fort contre elle que celui qui s'en plaint. Le pauvre besson prit comme une habitude d'être triste et pâle; il eut, de temps en temps, un ou deux accès de petite fièvre, et, tout en grandissant toujours un peu, il resta assez délicat et mince de sa personne. Il n'était pas bien soutenu à l'ouvrage, et ce n'était point sa faute, car il savait que le travail lui était bon; et c'était bien assez d'ennuyer son père par sa tristesse, il ne voulait pas le fâcher et lui faire tort par sa lâcheté. Il se mettait donc à l'ouvrage, et travaillait de colère contre lui-même. Aussi en prenait-il souvent plus qu'il ne pouvait en supporter; et le lendemain il était si las qu'il ne pouvait plus rien faire. Ce ne sera jamais un fort ouvrier, disait le père Barbeau;

mais il fait ce qu'il peut, et quand il peut, il ne s'épargne même pas assez. C'est pourquoi je ne veux point le mettre chez les autres; car, par la crainte qu'il a des reproches et le peu de forces que Dieu lui a données, il se tuerait bien vite, et j'aurais à me le reprocher toute ma vie.

La mère Barbeau goûtait fort ces raisons-là et faisait tout son possible pour égayer Sylvinet. Elle consulta plusieurs médecins sur sa santé, et il lui dirent, les uns qu'il fallait le ménager beaucoup et ne plus lui faire boire que du lait, parce qu'il était faible; les autres, qu'il fallait le faire travailler beaucoup et lui donner du bon vin, parce qu'étant faible, il avait besoin de se fortifier. Et la mère Barbeau ne savait lequel écouter, ce qui arrive toujours quand on prend plusieurs avis.

Heureusement que, dans le doute, elle n'en suivit aucun, et que Sylvinet marcha dans la route que le bon Dieu lui avait ouverte, sans y rencontrer de quoi le faire verser à droite ou à gauche, et il traîna son petit mal, sans en être trop foulé, jusqu'au moment où les amours de Landry firent un éclat, et où Sylvinet vit augmenter sa peine de toute celle qui fut faite à son frère.

VIII

VIII

Ce fut la Madelon qui découvrit le pot aux roses; et, si elle le fit sans malice, encore en tira-t-elle un mauvais parti. Elle s'était bien consolée de Landry, et, n'ayant pas perdu beaucoup de temps à l'aimer, elle n'en avait guère demandé pour l'oublier. Cependant il lui était resté sur le cœur une petite rancune qui n'attendait que l'occasion pour se faire sentir, tant il est vrai que le dépit chez les femmes dure plus que le regret.

Voici comment la chose arriva. La belle Madelon, qui était renommée pour son air sage et pour ses manières fières avec les garçons, était cependant très-coquette en dessous, et pas moitié si raisonnable ni si fidèle dans ses amitiés que le pauvre grelet, dont on avait si mal parlé et si mal auguré. Adonc la Madelon avait déjà eu deux amoureux, sans compter Landry, et elle se prononçait pour un troisième, qui était son cousin le fils cadet au père Caillaud de la Priche. Elle se prononça si bien qu'étant surveillée par le dernier à qui elle avait donné de l'espérance, et craignant qu'il ne fît un éclat, ne sachant où se cacher pour causer à loisir avec le nouveau, elle se laissa persuader par celui-ci d'aller babiller dans le colombier où justement Landry avait d'honnêtes rendez-vous avec la petite Fadette.

Cadet Caillaud avait bien cherché la clef de ce colombier, et ne l'avait point trouvée parce qu'elle était toujours dans la poche de Landry; et il n'avait osé la demander à personne, parce qu'il n'avait pas de bonnes raisons pour en expliquer la demande. Si bien que personne, hormis Landry, ne s'inquiétait de savoir où elle était. Cadet Caillaud, songeant qu'elle était perdue, ou que son père la tenait dans son trousseau, ne se gêna point pour enfoncer la porte. Mais, le jour où il le fit,

Landry et Fadette se trouvaient là, et ces quatre amoureux se sentirent bien penauds en se voyant les uns les autres. C'est ce qui les engagea tous également à se taire et à ne rien ébruiter.

Mais la Madelon eut comme un retour de jalousie et de colère en voyant Landry, qui était devenu un des plus beaux garçons du pays et des plus estimés, garder, depuis la Saint-Andoche, une si belle fidélité à la petite Fadette, et elle forma la résolution de s'en venger. Pour cela, sans en rien confier à Cadet Caillaud, qui était honnête homme, et ne s'y fût point prêté, elle se fit aider d'une ou deux jeunes fillettes de ses amies, lesquelles, un peu dépitées aussi du mépris que Landry paraissait faire d'elles en ne les priant plus jamais à danser, se mirent à surveiller si bien la petite Fadette, qu'il ne leur fallut pas grand temps pour s'assurer de son amitié avec Landry. Et sitôt qu'elles les eurent épiés et vus une ou deux fois ensemble, elles en firent grand bruit dans tout le pays, disant à qui les voulait écouter, et Dieu sait si la médisance manque d'oreilles pour se faire entendre et de langues pour se faire répéter, que Landry avait fait une mauvaise connaissance dans la personne de la petite Fadette.

Alors toute la jeunesse femelle s'en mêla, car lorsqu'un garçon de belle mine et de bon avoir s'occupe d'une personne, c'est comme une injure à toutes les autres, et si l'on peut trouver à mordre sur cette personne-là, on ne s'en fait pas faute. On peut dire aussi que, quand une méchanté est exploitée par les femmes, elle va vite et loin. Aussi, quinze jours après l'aventure de la tour à Jacot; sans qu'il fût question de la tour, ni de Madelon, qui avait eu bien soin de ne pas se mettre en avant, et qui feignait même d'apprendre, comme une nouvelle, ce qu'elle avait dévoilé la première à la sourdine, tout le monde savait, petits et grands, vieilles et jeunes, les amours de Landry le besson avec Fanchon le grelet.

Et le bruit en vint jusqu'aux oreilles de la mère Barbeau, qui s'en affligea beaucoup et n'en voulut point parler à son homme. Mais le père Barbeau l'apprit d'autre part, et Sylvain, qui avait bien discrètement gardé le secret de son frère, eut le chagrin de voir que tout le monde le savait.

Or, un soir que Landry songeait à quitter la Bessonnière de bonne heure, comme il avait coutume de faire, son père lui dit, en présence de sa mère, de sa sœur aînée et de son besson : Ne sois pas si hâteux de nous quitter, Landry, car j'ai à te parler; mais j'attends que ton parrain soit ici, car c'est devant ceux de la famille qui s'intéressent le plus à ton sort que je veux te demander une explication.

Et quand le parrain, qui était l'oncle Landriche, fut arrivé, le père Barbeau parla en cette manière :

— Ce que j'ai à te dire te donnera un peu de honte, mon Landry; aussi n'est-ce pas sans un peu de honte moi-même, et sans beaucoup de regret que je me vois obligé de te confesser devant ta famille. Mais j'estime que cette honte te sera salutaire et te guérira d'une fantaisie qui pourrait te porter préjudice.

— Il paraît que tu as fait une connaissance qui date de la dernière Saint-Andoche, il y aura prochainement un an. On m'en a bien parlé dès le premier jour, car c'était une chose imaginante que de te voir danser, tout un jour de fête, avec la fille la plus laide, la plus malpropre et la plus mal famée de notre pays. Je n'ai pas voulu y prêter attention, pensant que tu en avait fait un amusement, et je n'approuvais pas précisément la chose, parce que, s'il ne faut pas fréquenter les mauvaises gens, encore ne faut-il pas augmenter leur humiliation et le malheur qu'ils ont d'être haïssables à tout le monde. J'avais négligé de t'en parler, pensant, à te voir triste le lendemain, que tu t'en faisais reproche à toi-même et que tu n'y retournerais plus. Mais voilà que, depuis une semaine environ, j'entends bien dire autre chose, et, encore que ce soit par des personnes dignes de foi, je ne veux point m'y fier, à moins que tu ne me le confirmes. Si je t'ai fait tort en te soupçonnant, tu ne l'imputeras qu'à l'intérêt que je te porte et au devoir que j'ai de surveiller ta conduite: car, si la chose est une fausseté, tu me feras grand plaisir en me donnant ta parole, et en me faisant connaître qu'on t'a desservi à tort dans mon opinion.

— Mon père, dit Landry, voulez-vous

bien me dire de quoi vous m'accusez, et je vous répondrai selon la vérité et le respect que je vous dois.

— On t'accuse, Landry, je crois te l'avoir suffisamment donné à entendre, d'avoir un commerce malhonnête avec la petite fille de la mère Fadet, qui est une assez mauvaise femme ; sans compter que la propre mère de cette malheureuse fille a vilainement quitté son mari, ses enfants et son pays pour suivre les soldats. On t'accuse de te promener de tous les côtés avec la petite Fadette, ce qui me ferait craindre de te voir engagé par elle dans de mauvaises amours, dont toute ta vie tu pourrais avoir à te repentir. Entends-tu, à la fin ?

— J'entends bien, mon cher père, répondit Landry, et souffrez-moi encore une question avant que je vous réponde. Est-ce à cause de sa famille, ou seulement à cause d'elle-même que vous regardez la Fanchon Fadette comme une mauvaise connaissance pour moi?

— C'est sans doute à cause de l'un et de l'autre, reprit le père Barbeau avec un peu plus de sévérité qu'il n'en avait mis au commencement; car il s'était attendu à trouver Landry bien penaud, et il le trouvait tranquille et comme résolu à tout. C'est d'abord, fit-il, qu'une mauvaise parenté est une vilaine tache, et que jamais une famille estimée et honorée comme est la mienne ne voudrait faire alliance avec la famille Fadet. C'est ensuite que la petite Fadet, par elle-même, n'inspire d'estime et de confiance à personne. Nous l'avons vue s'élever et nous savons tous ce qu'elle vaut. J'ai bien entendu dire, et je reconnais pour l'avoir vu deux ou trois fois, que, depuis un an, elle se tient mieux, ne court plus avec les petits garçons et ne parle mal à personne. Tu vois que je ne veux pas m'écarter de la justice; mais cela ne me suffit pas pour croire qu'une enfant qui a été si mal élevée puisse jamais faire une honnête femme, et connaissant la grand'mère comme je l'ai connue, j'ai tout lieu de craindre qu'il n'y ait là une intrigue montée pour te soutirer des promesses et te causer de la honte ou de l'embarras. On m'a même dit que la petite était enceinte, ce que je ne veux point croire à la légère, mais ce qui me péinerait beaucoup, parce que la chose te serait attribuée et reprochée, et pourrait finir par un procès et du scandale.

— Landry, qui, dès le premier mot, s'était bien promis d'être prudent et de s'expliquer avec douceur, perdit patience. Il devint rouge comme le feu, et, se levant : Mon père, dit-il, ceux qui vous ont dit cela ont menti comme des chiens. Ils ont fait une telle insulte à Fanchon Fadet, que, si je les tenais là, il faudrait qu'ils eussent à se dédire ou à se battre avec moi, jusqu'à ce qu'il en restât un de nous par terre. Dites-leur quils sont des lâches et des païens ; et qu'ils viennent donc me le dire en face, ce qu'ils vous ont insinué en traîtres, et nous en aurons beau jeu !

—Ne te fâche pas comme cela, Landry, dit Sylvinet tout abattu de chagrin : mon père ne t'accuse point d'avoir fait du tort à cette fille; mais il craint qu'elle ne se soit mise dans l'embarras avec d'autres, et qu'elle ne veuille faire croire, en se promenant de jour et de nuit avec toi, que c'est à toi de lui donner réparation.

IX

IX

La voix de son besson adoucit un peu Landry ; mais les paroles qu'il disait ne purent passer sans qu'il les relevât.

— Frère, dit-il, tu n'entends rien à ces choses-là. Tu as toujours été prévenu contre la petite Fadette, et tu ne la connais point. Je m'inquiète bien peu de ce qu'on peut dire de moi ; mais je ne souffrirai point ce qu'on dit contre elle, et je veux que mon père et ma mère sachent de moi, pour se tranquilliser, qu'il n'y a point sur la terre deux filles aussi honnêtes, aussi sages, aussi bonnes, aussi désintéressées que cette fille-là. Si elle a le malheur d'être mal apparentée, elle en a d'autant plus de mérite à être ce qu'elle est, et je n'aurais jamais cru que des âmes chrétiennes pussent lui reprocher le malheur de sa naissance.

— Vous avez l'air vous-même de me faire un reproche, Landry ; dit le père Barbeau en se levant aussi, pour lui montrer qu'il ne souffrirait pas que la chose allât plus loin entre eux. Je vois, à votre dépit, que vous en tenez pour cette Fadette plus que je n'aurais souhaité. Puisque vous n'en avez ni honte ni regret, nous n'en parlerons plus. J'aviserai à ce que je dois faire pour vous prévenir d'une étourderie de jeunesse. A cette heure, vous devez retourner chez vos maîtres.

— Vous ne vous quitterez pas comme ça, dit Sylvinet en retenant son frère, qui commençait à s'en aller. Mon père, voilà Landry qui a tant de chagrin de vous avoir déplu, qu'il ne peut rien dire. Donnez-lui son pardon et l'embrassez, car il s'en va pleurer à nuitée, et il serait trop puni par votre mécontentement.

Sylvinet pleurait, la mère Barbeau pleurait aussi, et aussi la sœur aînée, et l'oncle Landriche. Il n'y avait que le père Barbeau et Landry qui eussent les yeux secs; mais ils avaient le cœur bien gros, et on les fit s'embrasser. Le père n'exigea aucune promesse, sachant bien que, dans les cas d'amour, ces promesses-là sont chanceuses, et ne voulant point compromettre son autorité; mais il fit comprendre à Landry que ce n'était point fini et qu'il y reviendrait. Landry s'en alla courroucé et désolé. Sylvinet eût bien voulu le suivre; mals il n'osa, à cause qu'il présumait bien qu'il allait faire part de son chagrin à la Fadette, et il se coucha si triste que, de toute la nuit, il ne fit que soupirer et rêver de malheur dans la famille.

Landry s'en alla frapper à la porte de la petite Fadette. La mère Fadet était devenue si sourde qu'une fois endormie, rien ne l'éveillait, et depuis quelque temps, Landry, se voyant découvert, ne pouvait causer avec Fanchon que le soir dans la chambre où dormaient la vieille et le petit Jeannet; et là encore, il risquait gros, car la vieille sorcière ne pouvait pas le souffrir et l'eût fait sortir avec des coups de balai bien plutôt qu'avec des compliments. Landry raconta sa peine à la petite Fadette, et la trouva grandement soumise et courageuse. D'abord elle essaya de lui persuader qu'il ferait bien, dans son intérêt à lui, de reprendre son amitié et de ne plus penser à elle. Mais, quand elle vit qu'il s'affligeait et se révoltait de plus en plus, elle l'engagea à l'obéissance en lui donnant à espérer du temps à venir.

— Ecoute, Landry, lui dit-elle, j'avais toujours eu prévoyance de ce qui nous arrive, et j'ai souvent songé à ce que nous ferions, le cas échéant. Ton père n'a point de tort, et je ne lui en veux pas ; car c'est par grande amitié pour toi qu'il craint de te voir épris d'une personne aussi peu méritante que je le suis. Je lui pardonne donc un peu de fierté et d'injustice à mon endroit ; car nous ne pouvons pas disconvenir que ma première petite jeunesse a été folle, et toi-même me l'as reproché le jour où tu as commencé à m'aimer. Si, depuis un an, je me suis corrigée de mes défauts, ce n'est pas assez de temps pour qu'il y prenne confiance, comme il te l'a dit aujourd'hui. Il faut donc que le temps passe encore là-dessus, et, peu à peu, les préventions qu'on avait contre moi s'en iront, les vilains mensonges qu'on fait à présent tomberont d'eux-mêmes. Ton père et ta mère verront bien que je suis sage et que je ne veux pas te débaucher ni te tirer de l'argent. Ils rendront justice à l'honnêteté de mon amitié, et nous pourrons nous voir et nous parler sans nous cacher de personne; mais, en attendant, il faut que tu obéisses à ton père, qui, j'en suis certaine, va te défendre de me fréquenter.

— Jamais je n'aurai ce courage-là, dit Landry, j'aimerais mieux me jeter dans la rivière.

— Eh bien! si tu ne l'a pas, je l'aurai pour toi, dit la petite Fadette; je m'en irai, moi, je quitterai le pays pour un peu de temps. Il y a déjà deux mois qu'on m'offre une bonne place en ville. Voilà ma grand'mère si sourde et si âgée qu'elle ne s'occupe presque plus de faire et de vendre ses drogues, et qu'elle ne peut plus donner de consultations. Elle a une parente très-bonne, qui lui offre de venir demeurer avec elle, et qui la soignera bien, ainsi que mon pauvre sauteriot...

La petite Fadette eut la voix coupée, un moment, par l'idée de quitter cet enfant, qui était, avec Landry, ce qu'elle aimait le plus au monde; mais elle reprit courage et dit:

— A présent, il est assez fort pour se passer de moi. Il va faire sa première communion, et l'amusement d'aller au catéchisme avec les autres enfants le distraira du chagrin de mon départ. Tu dois avoir observé qu'il est devenu assez raisonnable, et que les autres garçonnets ne le font plus

guère enrager. Enfin, il le faut, vois-tu,
Landry; il faut qu'on m'oublie un peu,
car il y a, à cette heure, une grande colère
et une grande jalousie contre moi dans le
pays. Quand j'aurai passé un an ou deux
au loin, et que je reviendrai avec de bons
témoignages et une bonne renommée,
laquelle j'acquerrai plus aisément ailleurs
qu'ici, on ne nous tourmentera plus, et
nous serons meilleurs amis que jamais.

Landry ne voulut pas écouter cette pro-
position-là; il ne fit que se désespérer, et
s'en retourna à la Priche dans un état qui
aurait fait pitié au plus mauvais cœur.

Deux jours après, comme il menait la
cuve pour la vendange, Cadet Caillaud lui
dit :

— Je vois, Landry, que tu m'en veux,

et que, depuis quelque temps, tu ne me parles pas. Tu crois sans doute que c'est moi qui ai ébruité tes amours avec la petite Fadette, et je suis fâché que tu puisses croire une pareille vilenie de ma part. Aussi vrai que Dieu est au ciel, jamais je n'en ai soufflé un mot, et mêmement c'est un chagrin pour moi qu'on t'ait causé ces ennuis-là ; car j'ai toujours fait grand cas de toi, et jamais je n'ai fait injure à la petite Fadette. Je puis même dire que j'ai de l'estime pour cette fille depuis ce qui nous est arrivé au Colombier, dont elle aurait pu bavarder pour sa part, et dont jamais personne n'a rien su, tant elle a été discrète. Elle aurait pu s'en servir pourtant, à seules fins de tirer vengeance de la Madelon, qu'elle sait bien être l'auteur de tous ces caquets; mais elle ne l'a point fait, et je vois, Landry, qu'il ne faut point se fier aux apparences et aux réputations. La Fadette, qui passait pour méchante, a été bonne; la Madelon, qui passait pour bonne, a été bien traître, non-seulement envers la Fadette et envers toi, mais encore avec moi, qui, pour l'heure, ai grandement à me plaindre de sa fidélité.

Landry accepta de bon cœur les explications de Cadet Caillaud, et celui-ci le consola de son mieux de son chagrin.

— On t'a fait bien des peines, mon pauvre Landry, lui dit-il en finissant; mais tu dois t'enconsoler par la bonne conduite de la petite Fadette. C'est bien, à elle, de s'en aller pour faire finir le tourment de ta famille, et je viens de le lui dire à elle-même, en lui faisant mes adieux au passage.

— Qu'est-ce que tu me dis-là, Cadet? s'exclama Landry; elle s'en va? elle est partie?

— Ne le savais-tu pas? dit Cadet. Je pensais que c'était chose convenue entre vous, et que tu ne la conduisais point pour n'être pas blâmé. Mais elle s'en va, pour sûr; elle a passé au droit de chez nous il n'y a pas plus d'un quart d'heure, et elle avait son petit paquet sous le bras. Elle allait à Château-Meillant, et, à cette heure, elle n'est pas plus loin que Vieille-Ville, ou bien la côte d'Urmont.

Landry laissa son aiguillon accoté au frontal de ses bœufs, prit sa course et ne s'arrêta que quand il eut rejoint la petite

Fadette, dans le chemin de sable qui descend des vignes d'Urmont à la Fremelaine.

Là, tout épuisé par le chagrin et la grande hâte de sa course, il tomba en travers du chemin, sans pouvoir lui parler, mais en lui faisant connaître par signes qu'elle aurait à marcher sur son corps avant de le quitter.

Quand il se fut un peu remis, la Fadette lui dit :

— Je voulais t'épargner cette peine, mon cher Landry, et voilà que tu fais tout ce que tu peux pour m'ôter le courage. Sois donc un homme, et ne m'empêche pas d'avoir du cœur ; il m'en faut plus que tu ne penses, et quand je songe que mon pauvre petit Jeannet me cherche et crie après moi, à cette heure, je me sens si faible que, pour un rien, je me casserai la tête sur ces pierres. Ah! je t'en prie, Landry, aide-moi, au lieu de me détourner de mon devoir; car, si je ne m'en vas pas aujourd'hui, je ne m'en irai jamais, et nous serons perdus.

— Fanchon, Fanchon, tu n'as pas besoin d'un grand courage, répondit Landry. Tu ne regrettes qu'un enfant qui se consolera bientôt, parce qu'il est enfant. Tu ne te soucies pas de mon désespoir; tu ne connais pas ce que c'est que l'amour; tu n'en as point pour moi, et tu vas m'oublier bien vite, ce qui fait que tu ne reviendras peut-être jamais.

— Je reviendrai, Landry; je prends Dieu à témoin que je reviendrai dans un an au plus tôt, dans deux ans au plus tard, et que je t'oublierai si peu que je n'aurai jamais d'autre ami ni d'autre amoureux que toi.

— D'autre ami, c'est possible, Fanchon, parce que tu n'en retrouveras jamais un qui te soit soumis comme je le suis; mais d'autre amoureux, je n'en sais rien : qui peut m'en répondre?

— C'est moi qui t'en réponds!

— Tu n'en sais rien toi-même, Fadette, tu n'as jamais aimé, et quand l'amour te viendra, tu ne te souviendras guère de ton pauvre Landry ; ah ! si tu m'avais aimé de la manière dont je t'aime, tu ne me quitterais pas comme ça.

— Tu crois, Landry? dit la petite Fadette, en le regardant d'un air triste et bien sérieux. Peut-être bien que tu ne sais pas ce que tu dis. Moi, je crois que l'amour me commanderait encore plus ce que l'amitié me fait faire.

— Eh, bien, si c'était l'amour qui te commande, je n'aurais pas tant de chagrin. Oh! oui, Fanchon, si c'était l'amour, je crois quasiment que je serais heureux dans mon malheur. J'aurais de la confiance dans ta parole et de l'espérance dans l'avenir; j'aurais le courage que tu as, vrai!... Mais ce n'est pas de l'amour, tu me l'as dit bien des fois, et je l'ai vu à ta grande tranquillité à côté de moi.

— Ainsi tu crois que ce n'est pas l'amour, dit la petite Fadette, tu en es bien assuré?

Et, le regardant toujours, ses yeux se remplirent de grosses larmes qui tombèrent sur ses joues, tandis qu'elle souriait d'une manière bien étrange.

— Ah! mon Dieu, mon bon Dieu! s'écria Landry en la prenant dans ses bras, si je pouvais m'être trompé!

— Moi, je crois bien que tu t'es trompé, en effet, répondit la petite Fadette, toujours souriant et pleurant : je crois bien que, depuis l'âge de treize ans, le pauvre grelet a remarqué Landry et n'en a jamais remarqué d'autre. Je crois bien que, quand elle le suivait par les champs et par les chemins, en lui disant des folies et des taquineries pour le forcer à s'occuper d'elle, elle ne savait point encore ce qu'elle faisait, ni ce qui la poussait vers lui. Je crois bien que, quand elle s'est mise un jour à la recherche de Sylvinet, sachant que Landry était dans la peine, et qu'elle l'a trouvé au bord de la rivière, tout pensif, avec un petit agneau sur ses genoux, elle a fait un peu la sorcière avec Landry, afin que Landry fût forcé à lui en avoir de la reconnaissance. Je crois bien que, quand elle l'a injurié au gué des Roulettes, c'est parce qu'elle avait du dépit et du chagrin de ce qu'il ne lui avait jamais parlé depuis. Je crois bien que, quand elle a voulu danser avec lui, c'était parce qu'elle était folle de lui et qu'elle espérait lui plaire par sa jolie danse. Je crois bien que, quand elle pleurait dans la carrière des Chaumois, c'était pour le repentir et la peine de lui avoir déplu. Je crois bien aussi que, quand il voulait l'embrasser et qu'elle s'y refusait, quand il lui parlait d'amour et qu'elle lui répondait en paroles d'amitié, c'était par la crainte qu'elle avait de perdre cet amour-là en le contentant trop vite. Enfin, je crois que, si elle s'en va en se déchirant le cœur, c'est par l'espérance qu'elle a de revenir digne de lui dans l'esprit de tout le monde, et de pouvoir être sa femme, sans désoler et sans humilier sa famille.

Cette fois Landry crut qu'il deviendrait tout à fait fou. Il riait, il criait et il pleurait; et il embrassait Fanchon sur ses mains, sur sa robe; et il l'eût embrassée sur ses pieds, si elle avait voulu le souffrir; mais elle le releva et lui donna un vrai baiser d'amour dont il faillit mourir; car c'était le premier qu'il eût jamais reçu d'elle, ni d'aucune autre, et, du temps qu'il en tombait comme pâmé sur le bord du chemin, elle ramassa son paquet, toute rouge et confuse qu'elle était, et se sauva, en lui défendant de la suivre et en lui jurant qu'elle reviendrait.

X

X

Landry se soumit, et revint à la vendange, bien surpris de ne pas se trouver malheureux comme il s'y était attendu, tant c'est une grande douceur de se savoir aimé, et tant la foi est grande quand on aime grandement. Il était si étonné et si aise qu'il ne put se défendre d'en parler à

Cadet Caillaud, lequel s'étonna aussi, et admira la petite Fadette pour avoir si bien su se défendre de toute faiblesse et de toute imprudence, depuis le temps qu'elle aimait Landry et qu'elle en était aimée.

— Je suis content de voir, lui dit-il, que cette fille-là a tant de qualités, car, pour mon compte, je ne l'ai jamais mal jugée, et je peux même dire que si elle avait fait attention à moi, elle ne m'aurait point déplu. A cause des yeux qu'elle a, elle m'a toujours semblé plutôt belle que laide, et, depuis un certain temps, tout le monde aurait bien pu voir, si elle avait voulu plaire, qu'elle devenait chaque jour plus agréable. Mais elle t'aimait uniquement, Landry, et se contentait de ne point déplaire aux autres; elle ne cherchait d'autre approbation que la tienne, et je te réponds qu'une femme de ce caractère-là m'aurait bien convenu. D'ailleurs, si petite et si enfant que je l'aie connue, j'ai toujours considéré qu'elle avait un grand cœur, et si l'on allait demander à chacun de dire en conscience et en vérité ce qu'il en pense et ce qu'il en sait, chacun serait obligé de témoigner pour elle; mais le monde est fait comme cela, que quand deux ou trois personnes se mettent après une autre, toutes s'en mêlent, lui jettent la pierre et lui font une mauvaise réputation sans trop savoir pourquoi, et comme si c'était pour le plaisir d'écraser qui ne peut se défendre.

Landry trouvait un grand soulagement à entendre raisonner Cadet Caillaud de la sorte, et, depuis ce jour-là, il fit une grande amitié avec lui, et se consola un peu de ses ennuis en les lui confiant. Et mêmement, il lui dit un jour :

— Ne pense plus à cette Madelon, qui ne vaut rien, et qui nous a fait des peines à tous deux, mon brave Cadet. Tu es de mon âge, et rien ne te presse de te marier. Or, moi, j'ai une petite sœur, Annette, qui est jolie comme un cœur, qui est bien élevée, douce, mignonne, et qui prend seize ans. Viens nous voir un peu plus souvent ; mon père t'estime beaucoup, et quand tu connaîtras bien notre Nannette, tu verras que tu n'auras pas de meilleure idée que celle de devenir mon beau-frère.

— Ma foi, je ne dis pas non, répondit Cadet, et si la fille n'est point accordée par ailleurs, j'irai chez toi tous les dimanches.

Le soir du départ de Fanchon Fadet, Landry voulut aller voir son père pour lui apprendre l'honnête conduite de cette fille qu'il avait mal jugée, et, en même temps, pour lui faire, sous toutes réserves quant à l'avenir, ses soumissions quant au présent. Il eut le cœur bien gros en passant devant la maison de la mère Fadet ; mais il s'arma d'un grand courage, en se disant que, sans le départ de Fanchon, il n'aurait peut-être pas su de longtemps le bonheur qu'il avait d'être aimé d'elle. Et il vit la mère Fanchette, qui était la parente et la marraine à Fanchon, laquelle était venue pour soigner la vieille et le petit à sa place. Elle était assise devant la porte, avec le sauteriot sur ses genoux. Le pauvre Jeannet pleurait et ne voulait point aller au lit, parce que sa Fanchon n'était pas encore rentrée, disait-il, et que c'était à elle de lui faire dire ses prières et de le coucher. La mère Fanchette le reconfortait de son mieux, et Landry entendit avec plaisir qu'elle lui parlait avec beaucoup de douceur et d'amitié. Mais sitôt que le sauteriot vit passer Landry, il s'échappa des mains de la Fanchette, au risque d'y laisser une de ses pattes, et courut se jeter dans les jambes du besson, l'embrassant et le questionnant, et le conjurant de lui ramener sa Fanchon. Landry le prit dans ses bras, et, tout en pleurant, le consola comme il put. Il voulut lui donner une grappe de beaux raisins qu'il portait dans un petit panier, de la part de la mère Caillaud, à la mère Barbeau; mais Jeannet, qui était d'habitude assez gourmand, ne voulut rien, sinon que Landry lui promettrait d'aller quérir sa Fanchon, et il fallut que Landry le lui promît en soupirant, sans quoi il ne se fût point soumis à la Fanchette.

Le père Barbeau ne s'attendait guère à la grande résolution de la petite Fadette. Il en fut content; mais il eut comme du regret de ce qu'elle avait fait, tant il était homme juste et de bon cœur. Je suis fâché, Landry, dit-il, que tu n'aies pas eu le courage de renoncer à la fréquenter. Si tu avais agi selon ton devoir, tu n'aurais pas été la cause de son départ. Dieu veuille que cette enfant n'ait pas à souffrir dans sa nouvelle condition et que son absence ne fasse pas de tort à sa grand'mère et à son petit frère ; car s'il y a beaucoup de gens qui disent du mal d'elle, il y en a aussi quelques-uns qui la défendent et qui m'ont assuré qu'elle était très-bonne et très-serviable pour sa famille. Si ce qu'on m'a dit qu'elle est enceinte est une fausseté, nous le saurons bien, et nous la défendrons comme il faut : si, par malheur, c'est vrai, et que tu en sois coupable, Landry, nous l'assisterons et ne la laisserons pas tomber dans la misère. Que tu ne l'épouses jamais, Landry, voilà tout ce que j'exige de toi.

— Mon père, dit Landry, nous jugeons la chose différemment vous et moi. Si j'étais coupable de ce que vous pensez, je vous demanderais, au contraire, votre permission pour l'épouser. Mais, comme la petite Fadette est aussi innocente que ma sœur Nannette, je ne vous demande rien encore que de me pardonner le chagrin que je vous ai causé. Nous parlerons d'elle plus tard, ainsi que vous me l'avez promis.

Il fallut bien que le père Barbeau en passât par cette condition de ne pas insister davantage. Il était trop prudent pour brusquer les choses et se devait tenir pour content de ce qu'il avait obtenu.

Depuis ce moment-là, il ne fut plus question de la petite Fadette à la Bessonnière. On évita même de la nommer, car Landry devenait rouge, et tout aussitôt pâle, quand son nom échappait à quelqu'un devant lui, et il était bien aisé de voir qu'il ne l'avait pas plus oubliée qu'au premier jour.

XI

XI

D'abord Sylvinet eut comme un contentement d'égoïste en apprenant le départ de la Fadette, et il se flatta que dorénavant son besson n'aimerait que lui et ne le quitterait plus pour personne. Mais il n'en fut point ainsi. Sylvinet était bien ce que Landry aimait le mieux au monde après la petite Fadette ; mais il ne pouvait se plaire longtemps dans sa société, parce que Sylvinet ne voulut point se départir de son aversion pour Fanchon. Aussitôt que Landry essayait de lui en parler et de le mettre dans ses intérêts, Sylvinet s'affligeait, lui faisait reproche de s'obstiner dans une idée si répugnante à leurs parents et si chagrinante pour lui-même. Landry dès lors ne lui en parla plus; mais, comme il ne pouvait pas vivre sans en parler, il partageait son temps entre Cadet Caillaud et le petit Jeanet, qu'il emmenait promener avec lui, à qui il faisait répéter son catéchisme et qu'il instruisait et consolait de son mieux. Et quand on le rencontrait avec cet enfant, on se fût moqué de lui, si l'on eût osé. Mais, outre que Landry ne se laissait jamais bafouer en quoi que ce soit, il était plutôt fier que honteux de montrer son amitié pour le frère de Fanchon Fadet, et c'est par là qu'il protestait contre le dire de ceux qui prétendaient que le père Barbeau, dans sa sagesse, avait bien vite eu raison de cet amour-là. Sylvinet, voyant que son frère ne revenait pas autant à lui qu'il l'aurait souhaité, et se trouvant réduit à porter sa jalousie sur le petit Jeannet et sur Cadet Caillaud; voyant, d'un autre côté, que sa sœur Nannette, laquelle, jusqu'alors, l'avait toujours consolé et réjoui par des soins très-doux et des attentions mignardes, commençait à se plaire beaucoup dans la société de ce même Cadet Caillaud, dont les deux familles approuvaient fort l'inclination; le pauvre Sylvinet, dont la fantaisie était de posséder à lui tout seul l'amitié de ceux qu'il aimait, tomba dans un ennui mortel, dans une langueur singulière, et son esprit se rembrunit si fort qu'on ne savait par où le prendre pour le contenter. Il ne riait plus jamais; il ne prenait goût à rien, il ne pouvait plus guère travailler, tant il se consumait et s'affaiblissait. Enfin on craignit pour sa vie, car la fièvre ne le quittait presque plus, et, quand il l'avait un peu plus que d'habitude, il disait des choses qui n'avaient pas grand'raison et qui étaient cruelles pour le cœur de ses parents. Il prétendait n'être aimé de personne, lui qu'on avait toujours choyé et gâté plus que tous les autres dans la famille. Il souhaitait la mort, disant qu'il n'était bon à rien, qu'on l'épargnait par compassion de son état; mais qu'il était une charge pour ses parents, et que la plus grande grâce que le bon Dieu pût leur faire, ce serait de les débarrasser de lui.

Quelquefois le père Barbeau, entendant ces paroles peu chrétiennes, l'en blâmait avec sévérité. Cela n'amenait rien de bon. D'autres fois, le père Barbeau le conjurait, en pleurant, de mieux reconnaître son amitié. C'était encore pire, Sylvinet pleurait, se repentait, demandait pardon à son père, à sa mère, à son besson, à toute sa famille; et la fièvre revenait plus forte, après qu'il avait donné cours à la trop grande tendresse de son cœur malade.

On consulta les médecins à nouveau. Ils ne conseillèrent pas grand'chose. On vit, à leur mine, qu'ils jugeaient que tout le mal venait de cette bessonnerie, qui devait tuer l'un ou l'autre, le plus faible des deux conséquemment. On consulta aussi la baigneuse de Clavières, la femme la plus savante du canton après la Sagette, qui était morte, et la mère Fadet, qui commençait, à tomber en enfance. Cette femme habile répondit à la mère Barbeau :

— Il n'y aurait qu'une chose pour sauver votre enfant, c'est qu'il aimât les femmes.

— Et justement il ne les peut souffrir, dit la mère Barbeau : jamais on n'a vu un garçon si fier et si sage, et, depuis le moment où son besson s'est mis l'amour en tête, il n'a fait que dire du mal de toutes les filles que nous connaissons. Il les blâme toutes de ce qu'une d'entre elles (et malheureusement ce n'est pas la meilleure) lui a enlevé, comme il prétend, le cœur de son besson.

— Eh bien, dit la baigneuse, qui avait un grand jugement sur toutes les maladies du corps et de l'esprit, votre fils Sylvinet, le jour où il aimera une femme, l'aimera encore plus follement qu'il n'aime son frère. Je vous prédis cela. Il a une surabondance d'amitié dans le cœur, et, pour l'avoir toujours portée sur son besson, il a oublié quasiment son sexe ; et, en cela, il a manqué à la loi du bon Dieu, qui veut que l'homme chérisse une femme plus que père et mère, plus que frères et sœurs. Consolez-vous, pourtant ; il n'est pas possible que la nature ne lui parle pas bientôt, quelque retardé qu'il soit dans cette idée-là : et la femme qu'il aimera, qu'elle soit pauvre, ou laide, ou méchante, n'hésitez point à la lui donner en mariage; car, selon toute apparence, il n'en aimera pas deux en sa vie. Son cœur a trop d'attache pour cela, et, s'il faut un grand miracle de nature pour qu'il se sépare un peu de son besson, il en faudrait un encore plus grand pour qu'il se séparât de la personne qu'il viendrait à lui préférer.

L'avis de la baigneuse parut fort sage au père Barbeau, et il essaya d'envoyer Sylvinet dans les maisons où il y avait de belles et bonnes filles à marier. Mais, quoique Sylvinet fût joli garçon et bien élevé, son air indifférent et triste ne réjouissait point le cœur des filles. Elles ne lui faisaient aucune avance, et lui, qui était si timide, il s'imaginait, à force de les craindre, qu'il les détestait.

Le père Caillaud, qui était le grand ami et un des meilleurs conseils de la famille, ouvrit alors un autre avis :

— Je vous ai toujours dit, fit-il, que l'absence était le meilleur remède. Voyez Landry ! il devenait insensé pour la petite Fadette, et pourtant, la petite Fadette partie, il n'a perdu ni la raison ni la santé, il est même moins triste qu'il ne l'était souvent, car nous avions observé cela et nous n'en savions point la cause. A présent il paraît tout à fait raisonnable et soumis. Il en serait de même de Sylvinet si, pendant cinq ou six mois, il ne voyait point du tout son frère. Je vas vous dire le moyen de les séparer tout doucement. Ma ferme de la Priche va bien ; mais, en revanche, mon propre bien, qui est du côté d'Arton, va au plus mal, à cause que, depuis environ un an, mon colon est malade et ne peut se remettre. Je ne veux point le mettre dehors, parce qu'il est un véritable homme de bien. Mais si je pouvais lui envoyer un bon ouvrier pour l'aider, il se remettrait, vu qu'il n'est malade que de fatigue et de trop grand courage. Si vous y consentez, j'enverrai donc Landry passer dans mon bien le reste de la saison. Nous le ferons partir sans dire à Sylvinet que c'est pour longtemps. Nous lui dirons, au contraire, que c'est pour huit jours. Et puis, les huit jours passés, on lui parlera de huit autres jours, et toujours ainsi jusqu'à ce qu'il y soit accoutumé ; suivez mon conseil, au lieu de flatter toujours la fantaisie d'un enfant que vous avez trop épargné et rendu trop maître chez vous.

Le père Barbeau inclinait à suivre ce conseil, mais la mère Barbeau s'en effraya. Elle craignait que ce ne fût pour Sylvinet le coup de la mort. Il fallut transiger avec elle, elle demandait que l'on fît d'abord l'essai de garder Landry quinze jours à la maison, pour savoir si son frère, le voyant à toute heure, ne le guérirait point. S'il empirait, au contraire, elle se rendrait à l'avis du père Caillaud.

Ainsi fut fait. Landry vint de bon cœur passer le temps requis à la Bessonnière, et on l'y fit venir sous le prétexte que son père avait besoin d'aide pour battre le reste de son blé, Sylvinet ne pouvant plus travailler. Landry mit tous ses soins et toute sa bonté à rendre son frère content de lui. Il le voyait à toute heure, il couchait dans le même lit, il le soignait comme s'il eût été un petit enfant. Le premier jour, Sylvinet fut bien joyeux; mais, le second, il prétendit que Landry s'ennuyait avec lui, et Landry ne put lui ôter cette idée. Le troisième jour, Sylvinet fut en colère, parce que le sauteriot vint voir Landry, et que Landry n'eut point le courage de le renvoyer. Enfin, au bout de la semaine, il y fallut renoncer, car Sylvinet devenait de plus en plus injuste, exigeant et jaloux de son ombre. Alors on pensa à mettre à exécution l'idée du père Caillaud, et encore que Landry n'eût guère d'envie d'aller à Arton parmi des étrangers, lui qui aimait tant son endroit, son ouvrage, sa famille et ses maîtres, il se soumit à tout ce qu'on lui conseilla de faire dans l'intérêt de son frère.

XII

XII

Cette fois, Sylvinet manqua mourir le premier jour; mais, le second, il fut plus tranquille, et le troisième, la fièvre le quitta. Il prit de la résignation d'abord et de la résolution ensuite; et, au bout de la première semaine, on reconnut que l'absence de son frère lui valait mieux que sa présence. Il trouvait, dans le raisonnement que sa jalousie lui faisait en secret un motif pour être quasi satisfait du départ de Landry. Au moins, se disait-il, dans l'endroit où il va, et où il ne connaît personne, il ne fera pas tout de suite de nouvelles amitiés. Il s'ennuiera un peu, il pensera à moi et me regrettera. Et quand il reviendra, il m'aimera davantage.

Il y avait déjà trois mois que Landry était absent, et environ un an que la petite Fadette avait quitté le pays, lorsqu'elle y revint tout d'un coup, parce que sa grand'mère était tombée en paralysie. Elle la soigna d'un grand cœur et d'un grand zèle; mais l'âge est la pire des maladies; et, au bout de quinze jours, la mère Fadet rendît l'âme sans y songer. Trois jours après, ayant conduit au cimetière le corps de la pauvre vieille, ayant rangé la maison, déshabillé et couché son frère, et embrassé sa bonne marraine qui s'était retirée pour dormir dans l'autre chambre, la petite Fadette était assise bien tristement devant son petit feu, qui n'envoyait guère de clarté, et elle écoutait chanter le grelet de sa cheminée, qui semblait lui dire :

> Grelet, grelet, petit grelet,
> Toute Fadette a son Fadet.

La pluie tombait et grésillait sur le vitrage, et Fanchon pensait à son amoureux, lorsqu'on frappa à la porte, et une voix lui dit :

— Fanchon Fadet, êtes-vous là, et me reconnaissez-vous ?

Elle ne fut point engourdie pour aller ouvrir, et grande fut sa joie en se laissant serrer sur le cœur de son ami Landry. Landry avait eu connaissance de la maladie de la grand'mère et du retour de Fanchon. Il n'avait pu résister à l'envie de la voir, et il venait à la nuit pour s'en aller avec le jour. Ils passèrent donc toute la nuit à causer au coin du feu, bien sérieusement et bien sagement, car la petite Fadette rappelait à Landry que le lit où sa grand'mère avait rendu l'âme était à peine refroidi, et que ce n'était l'heure ni l'endroit pour s'oublier dans le bonheur. Mais, malgré leurs bonnes résolutions, ils se sentirent bien heureux d'être ensemble et de voir qu'ils s'aimaient plus qu'ils ne s'étaient jamais aimés.

Comme le jour approchait, Landry commença pourtant à perdre courage, et il priait Fanchon de le cacher dans son grenier pour qu'il pût encore la voir la nuit suivante. Mais, comme toujours, elle le ramena à la raison. Elle lui fit entendre qu'ils n'étaient plus séparés pour longtemps, car elle était résolue à rester au pays.

— J'ai pour cela, lui dit-elle, des raisons que je te ferai connaître plus tard et qui ne nuiront pas à l'espérance que j'ai de notre mariage. Va achever le travail que ton maître t'a confié, puisque, selon ce que ma marraine m'a conté, il est utile à la guérison de ton frère qu'il ne te voie pas encore de quelque temps.

— Il n'y a que cette raison-là qui puisse me décider à te quitter, répondit Landry; car mon pauvre besson m'a causé bien des peines, et je crains qu'il ne m'en cause encore. Toi, qui es si savante, Fanchonnette, tu devrais bien trouver un moyen de le guérir.

— Je n'en connais pas d'autre que le raisonnement, répondit-elle : car c'est son esprit qui rend son corps malade, et qui pourrait guérir l'un guérirait l'autre. Mais il a tant d'aversion pour moi, que je n'aurai jamais l'occasion de lui parler et de lui donner des consolations.

— Et pourtant tu as tant d'esprit, Fadette, tu parles si bien, tu as un don si particulier pour persuader ce que tu veux, quand tu en prends la peine, que si tu lui parlais seulement une heure, il en ressentirait l'effet. Essaie-le, je te le demande. Ne te rebute pas de sa fierté et de sa mauvaise humeur. Oblige-le à t'écouter. Fais cet effort-là pour moi, ma Fanchon, et pour la réussite de nos amours aussi, car l'opposition de mon frère ne sera pas le plus petit de nos empêchements.

Fanchon promit, et ils se quittèrent après s'être répété plus de deux cents fois qu'ils s'aimaient et s'aimeraient toujours.

XIII

XIII

Personne ne sut dans le pays que Landry y était venu. Quelqu'un qui l'aurait pu dire à Sylvinet l'aurait fait retomber dans son mal. Il n'eût point pardonné à son frère d'être venu voir la Fadette et non pas lui.

A deux jours de là, la petite Fadette s'habilla très-proprement, car elle n'était plus sans sou ni maille, et son deuil était de belle sergette fine. Elle traversa le bourg de la Cosse, et, comme elle avait beaucoup grandi, ceux qui la virent passer ne la reconnurent pas tout d'abord. Elle avait considérablement embelli à la ville ; étant mieux nourrie et mieux abritée, elle avait pris du teint et de la chair autant qu'il convenait à son âge, et on ne pouvait plus la prendre pour un garçon déguisé, tant elle avait la taille belle et agréable à voir. L'amour et le bonheur avaient mis aussi sur sa figure et sur sa personne ce je ne sais quoi qui se voit et ne s'explique point. Enfin elle était, non pas la plus jolie fille du monde, comme Landry se l'imaginait, mais la plus avenante, la mieux faite, la plus fraîche et peut-être la plus désirable qu'il y eût dans le pays.

Elle portait un grand panier passé à son bras, et entra à la Bessonnière, où elle demanda à parler au père Barbeau. Ce fut Sylvinet qui la vit le premier et il se détourna d'elle, tant il avait de déplaisir à la rencontrer. Mais elle lui demanda où était son père avec tant d'honnêteté, qu'il fut obligé de lui répondre et de la conduire à la grange, où le père Barbeau était occupé à chapuser. La petite Fadette ayant prié alors le père Barbeau de la conduire en un lieu où elle pût lui parler secrètement, il ferma les portes de la grange et lui dit qu'elle pouvait lui dire tout ce qu'elle voudrait.

La petite Fadette ne se laissa pas essotir par l'air froid du père Barbeau. Elle s'assit sur une botte de paille, lui sur une autre, et elle lui parla de la sorte :

— Père Barbeau, encore que ma défunte grand'mère eût du dépit contre vous, et vous du dépit contre moi, il n'en est pas moins vrai que je vous connais pour l'homme le plus juste et le plus sûr de tout notre pays. Il n'y a qu'un cri là-dessus, et ma grand'mère elle-même, tout en vous blâmant d'être fier, vous rendait la même justice. De plus, j'ai fait, comme vous savez, une amitié très-longue avec votre fils Landry. Il m'a souventes fois parlé de vous, et je sais par lui, encore mieux que par tout autre, ce que vous êtes et ce que vous valez. C'est pourquoi je viens vous demander un service, et vous donner ma confiance.

— Parlez, Fadette, répondit le père Barbeau, je n'ai jamais refusé mon assistance à personne; et, si c'est quelque chose que ma conscience ne me défende pas, vous pouvez vous fier à moi.

— Voici ce que c'est, dit la petite Fadette, en soulevant son panier et en le plaçant entre les jambes du père Barbeau. Ma défunte grand'mère avait gagné dans sa vie, à donner des consultations et à vendre des remèdes, plus d'argent qu'on ne pensait; comme elle ne dépensait quasi rien et ne plaçait rien, on ne pouvait savoir ce qu'elle avait dans un vieux trou de son cellier, qu'elle m'avait souvent montré en me disant : Quand je n'y serai plus, c'est là que tu trouveras ce que j'aurai laissé : c'est ton bien et ton avoir, ainsi que celui de ton frère ; et si je vous prive un peu à présent, c'est pour que vous en trouviez davantage un jour. Mais ne laisse pas les gens de loi toucher à cela, ils te le feraient manger en frais. Garde-le quand tu le tiendras, cache-le toute ta vie, pour t'en servir sur tes vieux jours, et ne jamais manquer.

Quand ma pauvre grand'mère a été ensevelie, j'ai donc obéi à son commandement ; j'ai pris la clé du cellier, et j'ai défait les briques du mur, à l'endroit qu'elle m'avait montré. J'y ai trouvé ce que je vous apporte dans ce panier, père Barbeau, en vous priant de m'en faire le placement comme vous l'entendrez, après avoir satisfait à la loi que je ne connais guère, et m'avoir préservé des gros frais que je redoute.

— Je vous suis obligé de votre confiance, Fadette, dit le père Barbeau, sans ouvrir le panier, quoi qu'il en fût un peu curieux, mais je n'ai pas le droit de recevoir votre argent, ni de surveiller vos affaires. Je ne suis point votre tuteur. Sans doute votre grand'mère a fait un testament?

— Elle n'a point fait de testament, et la tutrice que la loi me donne c'est ma mère. Or vous savez que je n'ai point de ses nouvelles depuis longtemps, et que je ne sais si elle est morte ou vivante, la pauvre âme! Après elle, je n'ai pas d'autre parenté que celle de ma marraine Fanchette, qui est une brave et honnête femme, mais tout à fait incapable de gérer mon bien et même de le conserver et de le tenir serré. Elle ne pourrait se défendre d'en parler et de le montrer à tout le monde, et je craindrais, ou qu'elle n'en fît un mauvais placement, ou qu'à force de le laisser manier par les curieux, elle ne le fît diminuer sans y prendre garde ; car, la pauvre chère marraine, elle n'est point dans le cas d'en savoir faire le compte.

— C'est donc une chose de conséquence? dit le père Barbeau, dont les yeux s'attachaient, en dépit de lui-même, sur le couvercle du panier; et il le prit par l'anse pour le soupeser. Mais il le trouva si lourd qu'il s'en étonna, et dit : « Si c'est de la ferraille, il n'en faut pas beaucoup pour charger un cheval. »

La petite Fadette, qui avait un esprit du diable, s'amusa en elle-même de l'envie qu'il avait de voir le panier. Elle fit mine de l'ouvrir : mais le père Barbeau aurait cru manquer à sa dignité en la laissant faire. Cela ne me regarde point, dit-il, et puisque je ne puis le prendre en dépôt, je ne dois point connaître vos affaires.

— Il faut pourtant bien, père Barbeau, dit la Fadette, que vous me rendiez au moins ce petit service-là. Je ne suis pas beaucoup plus savante que ma marraine pour compter au-dessus de cent. Ensuite je ne sais pas la valeur de toutes les monnaies anciennes et nouvelles, et je ne puis me fier qu'à vous pour me dire si je suis riche ou pauvre, et pour savoir au juste le compte de mon avoir.

— Voyons donc, dit le père Barbeau qui n'y tenait plus : ce n'est pas un grand service que vous me demandez là, et je ne dois point vous le refuser.

Alors la petite Fadette releva lestement les deux couvercles du panier, et en tira deux gros sacs, chacun de la contenance de deux mille francs écus.

— Eh bien ! c'est assez gentil, lui dit le père Barbeau, et voilà une petite dot qui vous fera rechercher par plusieurs.

— Ce n'est pas le tout, dit la petite Fadette ; il y a encore là, au fond du panier, quelque petite chose que je ne connais guère.

Et elle tira une bourse de peau d'anguille, qu'elle versa dans le chapeau du père Barbeau. Il y avait cent louis d'or frappés à l'ancien coin, qui firent arrondir les yeux au brave homme; et, quand il les eut comptés et remis dans la peau d'anguille, elle en tira une seconde de la même contenance, et puis une troisième, et puis une quatrième, et finalement, tant en or qu'en argent et menue monnaie, il n'y avait dans le panier pas beaucoup moins de quarante mille francs.

C'était environ le tiers en plus de tout l'avoir que le père Barbeau possédait en terres et bâtiments; et, comme les gens de campagne ne réalisent guère en espèces sonnantes, jamais il n'avait vu tant d'argent à la fois.

Si honnête homme et si peu interressé

que soit un paysan, on ne peut pas dire que la vue de l'argent lui fasse de la peine ; aussi le père Barbeau en eut, pour un moment, la sueur au front. Quand il eut tout compté :

— Il ne te manque, pour avoir quarante fois mille francs, dit-il, que vingt-deux écus, et autant dire que tu hérites pour ta part de deux mille belles pistoles sonnantes ; ce qui fait que tu es le plus beau parti du pays, petite Fadette, et que ton frère, le sauteriot, peut bien être chétif et boîteux toute sa vie : il pourra aller visiter ses biens en carriole. Réjouis-toi donc, tu peux te dire riche et le faire assavoir, si tu désires trouver vite un beau mari.

— Je n'en suis point pressée, dit la petite Fadette, et je vous demande, au contraire, de me garder le secret sur cette richesse-là, père Barbeau. J'ai la fantaisie, laide comme je suis, de ne point être épousée pour mon argent, mais pour mon bon cœur et ma bonne renommée; et comme j'en ai une mauvaise dans ce pays-ci, je désire y passer quelque temps pour qu'on s'aperçoive que je ne la mérite point.

— Quant à votre laideur, Fadette, dit le père Barbeau, en relevant ses yeux qui n'avaient point encore lâché de couver le panier, je puis vous dire, en conscience, que vous en avez diantrement rappelé, et que vous vous êtes si bien refaite à la ville que vous pouvez passer à cette heure pour une très-gente fille. Et quant à votre mauvaise renommée, si, comme j'aime à le croire, vous ne la méritez point, j'approuve votre idée de tarder un peu et de cacher votre richesse, car il ne manque point de gens qu'elle éblouirait jusqu'à vouloir vous épouser, sans avoir pour vous, au préalable, l'estime qu'une femme doit désirer de son mari.

Maintenant, quant au dépôt que vous voulez faire entre mes mains, ce serait contre la loi et pourrait m'exposer plus tard à des soupçons et à des incriminations; car il ne manque point de mauvaises langues : et, d'ailleurs, à supposer que vous ayez le droit de disposer de ce qui est à vous, vous n'avez point celui de placer à la légère ce qui est à votre frère mineur. Tout ce que je pourrai faire, ce sera de demander une consultation pour vous, sans vous nommer. Je vous ferai savoir alors la manière de mettre en sûreté et en bon rapport l'héritage de votre frère et le vôtre, sans passer par les mains des hommes de chicane qui ne sont pas tous bien fidèles. Remportez donc tout ça, et cachez-le encore jusqu'à ce que je vous aie fait réponse. Je m'offre à vous, dans l'occasion, pour porter témoignage devant les mandataires de votre cohéritier, du chiffre de la somme que nous avons comptée, et que je vais écrire dans un coin de ma grange, pour ne pas l'oublier.

C'était tout ce que voulait la petite Fadette, que le père Barbeau sût à quoi s'en tenir là-dessus. Si elle se sentait un peu fière devant lui d'être riche, c'est parce qu'il ne pouvait plus l'accuser de vouloir exploiter Landry.

XIV

XIV

Le père Barbeau, la voyant si prudente, et comprenant combien elle était fine, se pressa moins de lui faire faire son dépôt e son placement, que de s'enquérir de la réputation qu'elle s'était acquise à Château-Meillant, où elle avait passé l'année. Car, si cette belle dot le tentait et lui faisait passer par-dessus la mauvaise parenté, il n'en était pas de même quand il s'agissait de l'honneur de la fille qu'il souhaitait avoir pour bru. Il alla donc lui-même à Château-Meillant, et prit ses informations en conscience. Il lui fut dit que non-seulement la petite Fadette n'y était point venue enceinte et n'y avait point fait d'enfant, mais encore qu'elle s'y était si bien comportée qu'il n'y avait point le plus petit blâme à lui donner. Elle avait servi une vieille religieuse noble, laquelle avait pris plaisir à en faire sa société plus que sa domestique, tant elle l'avait trouvée de bonne conduite, de bonnes mœurs et de bon raisonnement. Elle la regrettait beaucoup, et disait que c'était une parfaite chrétienne, courageuse, économe, propre, soigneuse, et d'un si aimable caractère qu'elle n'en retrouverait jamais une pareille. Et comme cette vieille dame était assez riche, elle faisait de grandes charités, en quoi la petite Fadette la secondait merveilleusement pour soigner les malades, préparer les médicaments, et s'instruire de plusieurs beaux secrets que sa maîtresse avait appris dans son couvent, avant la révolution.

Le père Barbeau fut bien content, et il revint à la Cosse, décidé à éclaircir la chose jusqu'au bout. Il assembla sa famille et chargea ses enfants aînés, ses frères, et toutes ses parentes de procéder prudemment à une enquête sur la conduite que la petite Fadette avait tenue depuis qu'elle était en âge de raison, afin que, si tout le mal qu'on avait dit d'elle n'avait pour cause que des enfantillages, on pût s'en moquer; au lieu que, si quelqu'un pouvait affirmer l'avoir vue commettre une mauvaise action ou faire une chose indécente, il eût à maintenir contre elle la défense qu'il avait faite à Landry de la fréquenter. L'enquête fut faite avec la prudence qu'il souhaitait, et sans que la question de dot fût ébruitée, car il n'en avait dit mot, même à sa femme.

Pendant ce temps-là, la petite Fadette vivait très-retirée dans sa petite maison, où elle ne voulut rien changer, sinon de la tenir si propre qu'on se fût miré dans ses pauvres meubles. Elle fit habiller proprement aussi son petit sauteriot, et, sans le faire paraître, elle le mit, ainsi qu'elle-même et sa marraine, à une bonne nourriture, qui fit vitement son effet sur l'enfant; il se refit du mieux qu'il était possible, et sa santé fut bientôt aussi bonne qu'on pouvait le souhaiter. Le bonheur amenda vite aussi son tempérament; et, n'étant plus menacé et tancé par sa grand'mère, ne rencontrant plus que des caresses, des paroles douces et de bons traitements, il devint un gars fort mignon, tout plein de petites idées drôles et aimables, et ne pouvant plus déplaire à personne, malgré sa boiterie et son petit nez camard.

Et, d'autre part, il y avait un si grand changement dans la personne et dans les habitudes de la Fanchon Fadet, que les méchants propos furent oubliés, et que plus d'un garçon, en la voyant marcher si légère et de si belle grâce, eût souhaité qu'elle fût à la fin de son deuil, afin de pouvoir la courtiser et la faire danser.

Il n'y avait que Sylvinet Barbeau qui n'en voulut point revenir sur son compte. Il voyait bien qu'on manigançait quelque chose à propos d'elle dans sa famille, car le père ne pouvait se tenir d'en parler souvent, et quand il avait reçu rétractation de quelque ancien mensonge fait sur le compte de Fanchon, il s'en applaudissait dans l'intérêt de Landry, disant qu'il ne pouvait souffrir qu'on eût accusé son fils d'avoir mis à mal une jeunesse innocente.

Et l'on parlait aussi du prochain retour de Landry, et le père Barbeau paraissait souhaiter que la chose fût agréée du père

Caillaud. Enfin Sylvinet voyait bien qu'on ne serait plus si contraire aux amours de Landry, et le chagrin lui revint. L'opinion, qui vire à tout vent, était depuis peu en faveur de la Fadette; on ne la croyait pas riche, mais elle plaisait, et, pour cela, elle déplaisait d'autant plus à Sylvinet, qui voyait en elle la rivale de son amour pour Landry.

De temps en temps le père Barbeau laissait échapper devant lui le mot de mariage, et disait que ses bessons ne tarderaient pas à être en âge d'y penser. Le mariage de Landry avait toujours été une idée désolante à Sylvinet, et comme le dernier mot de leur séparation. Il reprit les fièvres, et la mère consulta encore les médecins.

Un jour, elle rencontra la marraine

Fanchette, qui, l'entendant se lamenter dans son inquiétude, lui demanda pourquoi elle allait consulter si loin et dépenser tant d'argent, quand elle avait sous la main une remégeuse plus habile que toutes celles du pays, et qui ne voulait point exercer pour de l'argent, comme l'avait fait sa grand'mère, mais pour le seul amour du bon Dieu et du prochain. Et elle nomma la petite Fadette.

La mère Barbeau en parla à son mari, qui n'y fut point contraire. Il lui dit qu'à Château-Meillant la Fadette était tenue en réputation de grand savoir, et que de tous côtés on venait la consulter aussi bien que sa dame.

La mère Barbeau pria donc la Fadette

de venir voir Sylvinet, qui gardait le lit, et de lui donner son assistance.

Fanchon avait cherché plus d'une fois l'occasion de lui parler, ainsi qu'elle l'avait promis à Landry, et jamais il ne s'y était prêté. Elle ne se fit donc pas semondre et courut voir le pauvre besson. Elle le trouva endormi dans la fièvre, et pria la famille de la laisser seule avec lui. Comme c'est la coutume des remégeuses d'agir en secret, personne ne la contraria et ne resta dans la chambre.

D'abord, la petite Fadette posa sa main sur celle du besson, qui pendait sur le bord du lit; mais elle le fit si doucement, qu'il ne s'en aperçut pas, encore qu'il eût le sommeil si léger qu'une mouche, en volant, l'éveillait. La main de Sylvinet était chaude comme du feu, et elle devint plus chaude encore dans celle de la petite Fadette. Il montra de l'agitation, mais sans essayer de retirer sa main. Alors, la Fadette lui mit son autre main sur le front, aussi doucement que la première fois, et il s'agita encore plus. Mais, peu à peu, il se calma, et elle sentit que la tête et la main de son malade se rafraîchissaient de minute en minute et que son sommeil devenait aussi calme que celui d'un petit enfant. Elle resta ainsi auprès de lui jusqu'à ce qu'elle le vît disposé à s'éveiller ; et alors elle se retira derrière son rideau, et sortit de la chambre et de la maison, en disant à la mère Barbeau : Allez voir votre garçon et donnez-lui quelque chose à manger, car il n'a plus la fièvre ; et ne lui parlez point de moi surtout, si vous voulez que je le guérisse. Je reviendrai ce soir, à l'heure où vous m'avez dit que son mal empirait, et je tâcherai de couper encore cette mauvaise fièvre.

XV

XV

La mère Barbeau fut bien étonnée de voir Sylvinet sans fièvre, et elle lui donna vitement à manger, dont il profita avec un peu d'appétit. Et, comme il y avait six jours que cette fièvre ne l'avait point lâché, et qu'il n'avait rien voulu prendre, on s'extasia beaucoup sur le savoir de la petite Fadette, qui, sans l'éveiller, sans lui rien faire boire, et par la seule vertu de ses conjurations, à ce que l'on pensait, l'avait déjà mis en si bon chemin.

Le soir venu, la fièvre recommença, et bien fort. Sylvinet s'assoupissait, battait la campagne en rêvassant, et, quand il s'éveillait, avait peur des gens qui étaient autour de lui.

La Fadette revint, et, comme le matin, resta seule avec lui pendant une petite heure, ne faisant d'autre magie que de lui tenir les mains et la tête bien doucement, et de respirer fraîchement auprès de sa figure en feu.

Et, comme le matin, elle lui ôta le délire et la fièvre; et, quand elle se retira, recommandant toujours qu'on ne parlât point à Sylvinet de son assistance, on le trouva dormant d'un sommeil paisible, n'ayant plus la figure rouge et ne paraissant plus malade.

Je ne sais où la Fadette avait pris cette idée-là. Elle lui était venue par hasard et par expérience, auprès de son petit frère Jeannet, qu'elle avait plus de dix fois ramené de l'article de la mort, en ne lui faisant pas d'autre remède que de le rafraîchir avec ses mains et son haleine, ou le réchauffer de la même manière quand la grand'fièvre le prenait en froid. Elle s'imaginait que l'amitié et la volonté d'une personne en bonne santé, et l'attouchement d'une main pure et bien vivante, peuvent écarter le mal, quand cette personne est douée d'un certain esprit et d'une grande confiance dans la bonté de Dieu. Aussi, tout le temps qu'elle imposait les mains, disait-elle en son âme de belles prières au bon Dieu. Et ce qu'elle avait fait pour son petit frère, ce qu'elle faisait maintenant pour le frère de Landry, elle n'eût voulu l'essayer sur aucune autre personne qui lui eût été moins chère, et à qui elle n'eût point porté un si grand intérêt : car elle pensait que la première vertu de ce remède-là, c'était la forte amitié que l'on offrait dans son cœur au malade, sans laquelle Dieu ne vous donnait aucun pouvoir sur son mal.

Et lorsque la petite Fadette charmait ainsi la fièvre de Sylvinet, elle disait à Dieu, dans sa prière, ce qu'elle lui avait dit lorsqu'elle charmait la fièvre de son frère : « Mon bon Dieu, faites que ma santé passe de mon corps dans ce corps souffrant, et, comme le doux Jésus vous a offert sa vie pour racheter l'âme de tous les humains, si telle est votre volonté de m'ôter ma vie pour la donner à ce malade, prenez-la; je vous la rends de bon cœur, en échange de sa guérison que je vous demande. »

La petite Fadette avait bien songé à essayer la vertu de cette prière auprès du lit de mort de sa grand'mère ; mais elle ne l'avait osé, parce qu'il lui avait semblé que la vie de l'âme et du corps s'éteignaient dans cette vieille femme, par l'effet de l'âge et de la loi de nature qui est la propre volonté de Dieu. Et la petite

Fadette, qui mettait, comme on le voit, plus de religion que de diablerie dans ses charmes, eût craint de lui déplaire en lui demandant une chose qu'il n'avait point coutume d'accorder sans miracle aux autres chrétiens.

Que le remède fût inutile ou souverain de lui-même, il est bien sûr qu'en trois jours, elle débarrassa Sylvinet de sa fièvre, et qu'il n'eût jamais su comment, si, en s'éveillant un peu vite, la dernière fois qu'elle vint, il ne l'eût vue penchée sur lui, et lui retirant tout doucement ses mains.

D'abord il crut que c'était une apparition, et il referma les yeux pour ne la point voir; mais, ayant demandé ensuite à sa mère si la Fadette ne l'avait point tâté à la tête et au pouls, ou si c'était un rêve qu'il avait fait, la mère Barbeau, à qui son mari avait touché enfin quelque chose de ses projets et qui souhaitait voir Sylvinet revenir de son déplaisir envers elle, lui répondit qu'elle était venue en effet, trois jours durant, matin et soir, et qu'elle lui avait merveilleusement coupé sa fièvre en le soignant du secret.

Sylvinet parut n'en rien croire; il dit que sa fièvre s'en était allée d'elle-même, et que les paroles et secrets de la Fadette n'étaient que vanités et folies; il resta bien tranquille et bien portant pendant quelques jours, et le père Barbeau crut devoir en profiter pour lui dire quelque chose de la possibilité du mariage de son frère, sans toutefois nommer la personne qu'il avait en vue.

— Vous n'avez pas besoin de me cacher le nom de la future que vous lui destinez, répondit Sylvinet. Je sais bien, moi, que c'est cette Fadette qui vous a tous charmés.

En effet, l'enquête secrète du père Barbeau avait été si favorable à la petite Fadette, qu'il n'avait plus d'hésitation et qu'il souhaitait grandement pouvoir rappeler Landry. Il ne craignait plus que la jalousie du besson, et il s'efforçait à le guérir de ce travers, en lui disant que son frère ne serait jamais heureux sans la petite Fadette. Sur quoi Sylvinet répondait :

— Faites donc, car il faut que mon frère soit heureux.

Mais on n'osait pas encore, parce que Sylvinet retombait dans sa fièvre aussitôt qu'il paraissait avoir agréé la chose.

XVI

XVI

Cependant le père Barbeau avait peur que la petite Fadette ne lui gardât rancune de ses injustices passées, et que, s'étant consolée de l'absence de Landry, elle ne songeât à quelqu'autre. Lorsqu'elle était venue à la Bessonnière pour soigner

Sylvinet, il avait essayé de lui parler de Landry; mais elle avait fait semblant de ne pas entendre, et il se voyait bien embarrassé.

Enfin, un matin, il prit sa résolution et alla trouver la petite Fadette.

— Fanchon Fadet, lui dit-il, je viens vous faire une question à laquelle je vous prie de me donner réponse en tout honneur et vérité. Avant le décès de votre grand'mère, aviez-vous idée des grands biens qu'elle devait vous laisser ?

— Oui, père Barbeau, répondit la petite Fadette, j'en avais quelque idée, parce que je l'avais vue souvent compter de l'or et de l'argent, et que je n'avais jamais vu sortir de la maison que des gros sous; et aussi parce qu'elle m'avait dit souvent, quand les autres jeunesses se moquaient de mes guenilles : « Ne t'inquiète pas de ça, petite. Tu seras plus riche qu'elles toutes, et un jour arrivera où tu pourras être habillée de soie depuis les pieds jusqu'à la tête, si tel est ton plaisir. »

— Et alors, reprit le père Barbeau, aviez-vous fait savoir la chose à Landry, et ne serait-ce point à cause de votre argent que mon fils faisait semblant d'être épris de vous?

— Pour cela, père Barbeau, répondit la petite Fadette, ayant toujours eu l'idée d'être aimée pour mes beaux yeux, qui sont la seule chose qu'on ne m'ait jamais refusée, je n'étais pas assez sotte pour aller dire à Landry que mes beaux yeux étaient dans des sacs de peau d'anguille; et pourtant, j'aurais pu le lui dire sans danger pour moi; car Landry m'aimait si honnêtement, et d'un si grand cœur, que jamais il ne s'est inquiété de savoir si j'étais riche ou misérable.

— Et depuis que votre mère-grand est décédée, ma chère Fanchon, reprit le père Barbeau, pouvez-vous me donner votre parole d'honneur que Landry n'a point été informé par vous, ou par quelque autre, de ce qui en est?

— Je vous la donne, dit la Fadette. Aussi vrai que j'aime Dieu, vous êtes, après moi, la seule personne au monde qui ait connaissance de cette chose-là.

— Et, pour ce qui est de l'amour de Landry, pensez-vous, Fanchon, qu'il vous l'ait conservé? et, avez-vous reçu, depuis le décès de votre grand'mère, quelque marque qu'il ne vous ait point été infidèle?

— J'ai reçu la meilleure marque là-dessus, répondit-elle; car je vous confesse qu'il est venu me voir trois jours après ce décès, et qu'il m'a juré qu'il mourrait de chagrin, ou qu'il m'aurait pour sa femme.

— Et vous, Fadette, que lui répondiez-vous?

— Cela, père Barbeau, je ne serais pas obligé de vous le dire; mais je le ferai pourtant pour vous contenter. Je lui répondais que nous avions encore le temps de songer au mariage, et que je ne me déciderais pas volontiers pour un garçon qui me ferait la cour contre le gré de ses parents. »

Et comme la petite Fadette disait cela d'un ton assez fier et dégagé, le père Barbeau en fut inquiet. — Je n'ai pas le droit de vous interroger, Fanchon Fadet, dit-il, et je ne sais point si vous avez l'intention de rendre mon fils heureux ou malheureux pour toute sa vie ; mais je sais qu'il vous aime terriblement, et si j'étais en votre lieu, avec l'idée que vous avez d'être aimée pour vous-même, je me dirais : Landry Barbeau m'a aimée quand je portais des guenilles, quand tout le monde me repoussait, et quand ses parents eux-mêmes avaient le tort de lui en faire un grand péché. Il m'a trouvée belle quand tout le monde me déniait l'espérance de le devenir ; il m'a aimée en dépit des peines que cet amour-là lui suscitait ; il m'a aimée absente comme présente : enfin, il m'a si bien aimée que je ne peux pas me méfier de lui, et que je n'en veux jamais avoir d'autre pour mari.

— Il y a longtemps que je me suis dit tout cela, père Barbeau, répondit la petite Fadette ; mais, je vous le répète, j'aurais la plus grande répugnance à entrer dans une famille qui rougirait de moi et ne céderait que par faiblesse et compassion.

— Si ce n'est que cela qui vous retient, décidez-vous, Fanchon, reprit le père Barbeau ; car la famille de Landry vous estime et vous désire. Ne croyez point qu'elle a changé parce que vous êtes riche. Ce n'est point la pauvreté qui nous répugnait de vous, mais les mauvais propos tenus sur votre compte. S'ils avaient été bien fondés, jamais, mon Landry dût-il en mourir, je n'aurais consenti à vous appeler ma bru : mais j'ai voulu avoir raison de tous ces propos-là ; j'ai été à Châteaumeillant tout exprès ; je me suis enquis de la moindre chose dans ce pays-là et dans le nôtre, et maintenant, je reconnais qu'on m'avait menti et que vous êtes une personne sage et honnête, ainsi que Landry l'affirmait avec tant de feu. Par ainsi, Fanchon Fadet, je viens vous demander d'épouser mon fils, et si vous dites *oui*, il sera ici dans huit jours. »

Cette ouverture, qu'elle avait bien prévue, rendit la petite Fadette bien contente ; mais, ne voulant pas trop le laisser voir, parce qu'elle voulait à tout jamais être respectée de sa future famille, elle n'y répondit qu'avec ménagement. Et alors le père Barbeau lui dit :

— Je vois, ma fille, qu'il vous reste quelque chose sur le cœur contre moi et contre les miens. N'exigez pas qu'un homme d'âge vous fasse des excuses ; contentez-vous d'une bonne parole, et, quand je vous dis que vous serez aimée et estimée chez nous, rapportez-vous en au père Barbeau qui n'a encore trompé personne. Allons, voulez-vous donner le baiser de paix au tuteur que vous vous étiez choisie, ou au père qui veut vous adopter?

La petite Fadette ne put se défendre plus longtemps; elle jeta ses deux bras autour du cou du père Barbeau, et son vieux cœur en fut tout réjoui.

XVII

XVII

Leurs conventions furent bientôt faites. Le mariage aurait lieu sitôt la fin du deuil de Fanchon; il ne s'agissait plus que de faire revenir Landry : mais, quand la mère Barbeau vint voir Fanchon le soir même, pour l'embrasser et lui donner sa bénédiction, elle objecta qu'à la nouvelle du prochain mariage de son frère, Sylvinet était retombé malade, et elle demandait qu'on attendît encore quelques jours pour le guérir ou le consoler.

— Vous avez fait une faute, père Barbeau, dit la petite Fadette, en confirmant à Sylvinet qu'il n'avait point rêvé, en me voyant à son côté au sortir de sa fièvre. A présent, son idée contrariera la mienne, et je n'aurai plus la même vertu pour le guérir pendant son sommeil. Il se peut même qu'il me repousse et que ma présence empire son mal.

— Je ne le pense point, répondit la mère Barbeau. Car tantôt, se sentant mal, il s'est couché en disant : Où est donc cette Fadette? M'est avis qu'elle m'avait soulagé. Est-ce qu'elle ne reviendra plus? Et je lui ai dit que je venais vous chercher, dont il a paru content et même impatient.

— J'y vais, répondit la Fadette; seulement, cette fois, il faudra que je m'y prenne autrement; car, je vous le dis, ce qui me réussissait avec lui lorsqu'il ne me savait point là n'opérera plus.

— Et ne prenez-vous donc avec vous ni drogues ni remèdes? dit la mère Barbeau.

— Non, dit la Fadette : son corps n'est pas bien malade; c'est à son esprit que j'ai affaire; je vas essayer d'y faire entrer le mien; mais je ne vous promets point de réussir. Ce que je puis vous promettre, c'est d'attendre patiemment le retour de Landry et de ne pas vous demander de l'avertir avant que nous n'ayons tout fait pour ramener son frère à la santé. Landry me l'a si fortement recommandé que je sais qu'il m'approuvera d'avoir retardé son retour et son contentement.

Quand Sylvinet vit la petite Fadette auprès de son lit, il parut mécontent et ne lui voulut point répondre comment il se trouvait. Elle voulut lui toucher le pouls, mais il retira sa main, et tourna sa figure du côté de la ruelle du lit. Alors la Fadette fit signe qu'on la laissât seule avec lui, et, quand tout le monde fut sorti, elle éteignit la lampe et ne laissa entrer dans la chambre que la clarté de la lune, qui était toute pleine dans ce moment-là. Et puis elle revint auprès de Sylvinet, et lui dit, d'un ton de commandement auquel il obéit comme un enfant:

— Sylvinet, donnez-moi vos deux mains dans les miennes, et répondez-moi selon la vérité; car je ne me suis pas dérangée pour de l'argent, et, si j'ai pris la peine de venir vous soigner, ce n'est pas pour être mal reçue et mal remerciée de vous. Faites donc attention à ce que je vas vous demander et à ce que vous allez me dire, car il ne vous serait pas possible de me tromper.

— Demandez-moi ce que vous jugerez à propos, Fadette, répondit le besson, tout essoti de s'entendre parler si sévèrement par cette moqueuse de petite Fadette, à laquelle, au temps passé, il avait si souvent répondu à coups de pierre.

—Sylvain Barbeau, reprit-elle, il paraît que vous souhaitez mourir.

Sylvinet trébucha un peu dans son esprit avant de répondre, et comme la Fadette lui serrait la main un peu fort et lui faisait sentir sa grande volonté, il dit avec beaucoup de confusion :

— Ne serait-ce pas ce qui pourrait m'arriver de plus heureux, de mourir, lorsque je vois bien que je suis une peine et un embarras à ma famille par ma mauvaise santé et par...

— Dites tout, Sylvain, il ne me faut rien céler.

— Et par mon esprit soucieux que je ne puis changer, reprit le besson tout accablé.

— Et aussi par votre mauvais cœur, dit la Fadette d'un ton si dur qu'il en eut de la colère et de la peur encore plus.

LA PETITE FADETTE.

— Eh! aussi par votre mauvaise tête,
la Madelon l'en ira, tôt ou tard, et
l'abbée de la peine ne sera...

XVIII

XVIII

— Pourquoi m'accusez-vous d'avoir un mauvais cœur? dit-il. Vous me dites des njures quand vous voyez que je n'ai pas la force de me défendre.

— Je vous dis vos vérités, Sylvain, reprit la Fadette, et je vais vous en dire bien d'autres. Je n'ai aucune pitié de votre maladie, parce que je m'y connais assez pour voir qu'elle n'est pas bien sérieuse, et que, s'il y a un danger pour vous, c'est celui de devenir fou, à quoi vous tentez de votre mieux, sans savoir où vous mènent votre malice et votre faiblesse d'esprit.

— Reprochez-moi ma faiblesse d'esprit, dit Sylvinet; mais quant à ma malice, c'est un reproche que je ne crois point mériter.

— N'essayez pas de vous défendre, répondit la petite Fadette; je vous connais un peu mieux que vous ne vous connaissez vous-même, Sylvain, et je vous dis que la faiblesse engendre la fausseté; et c'est pour cela que vous êtes égoïste et ingrat.

—Si vous pensez si mal de moi, Fanchon Fadet, c'est sans doute que mon frère Landry m'a bien maltraité dans ses paroles, et qu'il vous a fait voir le peu d'amitié qu'il me portait, car, si vous me connaissez ou croyez me connaître, ce ne peut être que par lui.

— Voilà où je vous attendais, Sylvain. Je savais bien que vous ne me diriez pas trois paroles sans vous plaindre de votre besson et sans l'accuser ; car l'amitié que vous avez pour lui, pour être trop folle et désordonnée, tend à se changer en dépit et en rancune. A cela je connais que vous êtes à moitié fou, et que vous n'êtes point bon. Eh bien ! je vous dis, moi, que Landry vous aime dix mille fois plus que vous ne l'aimez, à preuve qu'il ne vous reproche jamais rien, quelque chose que vous lui fassiez souffrir, tandis que vous lui reprochez toutes choses, alors qu'il ne fait que vous céder et vous servir. Comment voulez-vous que je ne voie pas la différence entre lui et vous? Aussi, plus Landry m'a dit de bien de vous, plus de mal j'en ai pensé, parce que j'ai considéré qu'un frère si bon ne pouvait être méconnu que par une âme injuste.

— Aussi, vous me haïssez, Fadette? je ne m'étais point abusé là-dessus, et je savais bien que vous m'ôtiez l'amour de mon frère en lui disant du mal de moi.

— Je vous attendais encore là, maître Sylvain, et je suis contente que vous me preniez enfin à partie. Eh bien! je vas vous répondre que vous êtes un méchant cœur et un enfant du mensonge, puisque vous méconnaissez et insultez une personne qui vous a toujours servi et défendu dans son cœur, connaissant pourtant bien que vous lui étiez contraire ; une personne qui s'est cent fois privée du plus grand et du seul plaisir qu'elle eût au monde, le plaisir de voir Landry et de rester avec lui, pour envoyer Landry auprès de vous et pour vous donner le bonheur qu'elle se retirait. Je ne vous devais pourtant rien. Vous avez toujours été mon ennemi, et, du plus loin que je me souvienne, je n'ai jamais rencontré un enfant si dur et si hautain que vous l'étiez avec moi. J'aurais pu souhaiter d'en tirer vengeance et l'occasion ne m'a pas manqué. Si je ne l'ai point fait et si je vous ai rendu à votre insu le bien pour le mal, c'est que j'ai une grande idée de ce qu'une âme chrétienne doit pardonner à son prochain pour plaire à Dieu. Mais, quand je vous parle de Dieu, sans doute vous ne m'entendez guère, car vous êtes son ennemi et celui de votre salut.

— Je me laisse dire par vous bien des choses, Fadette; mais celle-ci est trop forte, et vous m'accusez d'être un païen.

— Est-ce que vous ne m'avez pas dit tout à l'heure que vous souhaitiez la mort? Et croyez-vous que ce soit là une idée chrétienne?

— Je n'ai pas dit cela, Fadette, j'ai dit que..... Et Sylvinet s'arrêta tout effrayé en songeant à ce qu'il avait dit, et qui lui paraissait impie devant les remontrances de la Fadette.

Mais elle ne le laissa point tranquille, et, continuant à le tancer :

— Il se peut, dit-elle, que votre parole fût plus mauvasse que votre idée, car j'ai bien dans la mienne que vous ne souhaitez point tant la mort qu'il vous plaît de le laisser croire, afin de rester maître dans votre famille, de tourmenter votre pauvre mère qui s'en désole, et votre besson qui est assez simple pour croire que vous voulez mettre fin à vos jours. Moi, je ne suis pas votre dupe, Sylvain. Je crois que vous craignez la mort autant et même plus qu'un autre, et que vous vous faites un jeu de la peur que vous donnez à ceux qui vous chérissent. Cela vous plaît de voir que les résolutions les plus sages et les plus nécessaires cèdent toujours devant la menace que vous faites de quitter la vie ; et, en effet, c'est fort commode et fort doux de n'avoir qu'un mot à dire pour faire tout plier autour de soi. De cette manière, vous êtes le maître à tous ici. Mais, comme cela est contre nature, et que vous y arrivez par des moyens que Dieu réprouve, Dieu vous châtie, vous rendant encore plus malheureux que vous ne le seriez en obéissant au lieu de commander. Et voilà que vous vous ennuyez d'une vie qu'on vous a faite trop douce. Je vais vous dire ce qui vous a manqué pour être un bon et sage garçon, Sylvain C'est d'avoir eu des parents bien rudes; beaucoup de misère, pas de pain tous les jours et des coups bien souvent. Si vous aviez été élevé à la même école que moi et mon frère Jeannet, au lieu d'être ingrat, vous seriez reconnaissant de la moindre chose. Tenez, Sylvain, ne vous retranchez pas sur votre bessonnerie. Je sais qu'on a beaucoup trop dit autour de vous que cette amitié bessonnière était une loi de nature qui devait vous faire mourir si on la contrariait, et vous avez cru obéir à votre sort en portant cette amitié à l'excès ; mais Dieu n'est pas si injuste que de nous marquer pour un mauvais sort dans le ventre de nos mères. Il n'est pas si méchant que de nous donner des idées que nous ne pourrions jamais surmonter, et vous lui faites injure, comme un superstitieux que vous êtes, en croyant qu'il y a dans le sang de votre corps plus de force et de mauvaise destinée qu'il n'y a dans votre esprit de résistance et de raison. Jamais, à moins que vous ne soyez fou, je ne croirai que vous ne pourriez pas combattre votre jalousie, si vous le vouliez. Mais vous ne le voulez pas, parce qu'on a trop caressé le vice de votre âme, et que vous estimez moins votre devoir que votre fantaisie.

Sylvinet ne répondit rien et laissa la Fadette le réprimander bien longtemps encore sans lui faire grâce d'aucun blâme. Il sentait qu'elle avait raison au fond, et qu'elle ne manquait d'indulgence que sur un point : c'est qu'elle avait l'air de croire qu'il n'avait jamais combattu son mal et qu'il s'était bien rendu compte de son égoïsme; tandis qu'il avait été égoïste sans le vouloir et sans le savoir. Cela le peinait et l'humiliait beaucoup, et il eût souhaité lui donner une meilleure idée de sa conscience. Quant à elle, elle savait bien qu'elle exagérait, et elle le faisait à dessein de lui tabuster beaucoup l'esprit avant de le prendre par la douceur et la consolation. Elle se forçait donc pour lui parler durement et pour lui paraître en colère, tandis que, dans son cœur, elle sentait tant de pitié et d'amitié pour ui, qu'elle était malade de sa feinte, et qu'elle le quitta plus fatiguée qu'elle ne le laissait.

XIX

XIX

XIX

La vérité est que Sylvinet n'était pas moitié si malade qu'il le paraissait et qu'il se plaisait à le croire. La petite Fadette, en lui touchant le pouls, avait reconnu d'abord que la fièvre n'était pas forte, et que s'il avait un peu de délire, c'est que son esprit était plus malade et plus affaibli que son corps. Elle crut donc devoir le prendre par l'esprit en lui donnant d'elle une grande crainte, et dès le jour, elle retourna auprès de lui. Il n'avait guère dormi, mais il était tranquille et comme abattu. Sitôt qu'il la vit, il lui tendit sa main, au lieu de la lui retirer comme il avait fait la veille.

— Pourquoi m'offrez-vous votre main, Sylvain, lui dit-elle, est-ce pour que j'examine votre fièvre? Je vois bien à votre figure que vous ne l'avez plus.

Sylvinet, honteux d'avoir à retirer sa main qu'elle n'avait point voulu toucher, lui dit:

— C'était pour vous dire bonjour, Fadette, et pour vous remercier de tant de peine que vous prenez pour moi.

— En ce cas, j'accepte votre bonjour, dit-elle, en lui prenant la main et en la gardant dans la sienne ; car jamais je ne repousse une honnêteté, et je ne vous crois point assez faux pour me marquer de l'intérêt si vous n'en sentiez pas un peu pour moi.

Sylvain ressentit un grand bien, quoique tout éveillé, d'avoir sa main dans celle de la Fadette, et il lui dit d'un ton très-doux :

— Vous m'avez pourtant bien malmené hier au soir, Fanchon, et je ne sais comment il se fait que je ne vous en veux point. Je vous trouve même bien bonne de venir me voir, après tout ce que vous avez à me reprocher.

La Fadette s'assit auprès de son lit et lui

parla tout autrement qu'elle n'avait fait la veille; elle y mit tant de bonté, tant de douceur et de tendresse, que Sylvain en éprouva un soulagement et un plaisir d'autant plus grands qu'il l'avait jugée plus courroucée contre lui. Il pleura beaucoup, se confessa de tous ses torts et lui demanda même son pardon et son amitié avec tant d'esprit et d'honnêteté, qu'elle reconnut bien qu'il avait le cœur meilleur que la tête. Elle le laissa s'épancher, le grondant encore quelquefois, et, quand elle voulait quitter sa main, il la retenait, parce qu'il lui semblait que cette main le guérissait de sa maladie et de son chagrin en même temps.

Quand elle le vit au point où elle le voulait, elle lui dit:

— Je vas sortir, et vous vous lèverez, Sylvain, car vous n'avez plus la fièvre, et il ne faut pas rester à vous dorloter, tandis que votre mère se fatigue à vous servir et perd son temps à vous tenir compagnie. Vous mangerez ensuite ce que votre mère vous présentera de ma part. C'est de la viande, et je sais que vous vous en dites dégoûté, et que vous ne vivez plus que de mauvais herbages. Mais il n'importe, vous vous forcerez, et, quand même vous y auriez de la répugnance, vous n'en ferez rien paraître. Cela fera plaisir à votre mère de vous voir manger du solide, et, quant à vous, la répugnance que vous aurez surmontée et cachée sera moindre la prochaine fois, et nulle la troisième. Vous verrez si je me trompe. Adieu donc, et qu'on ne me fasse pas revenir de sitôt pour vous, car je sais que vous ne serez plus malade si vous ne voulez plus l'être.

— Vous ne reviendrez donc pas ce soir? dit Sylvinet. J'aurais cru que vous reviendriez.

— Je ne suis pas médecin pour de l'argent, Sylvain, et j'ai autre chose à faire que de vous soigner quand vous n'êtes pas malade.

— Vous avez raison, Fadette; mais le désir de vous voir, vous croyez que c'était encore de l'égoïsme : c'était autre chose, j'avais du soulagement à causer avec vous.

— Eh bien, vous n'êtes pas impotent, et vous connaissez ma demeurance. Vous n'ignorez point que je vais être votre sœur par le mariage, comme je le suis déjà par l'amitié; vous pouvez donc bien venir causer avec moi, sans qu'il y ait à cela rien de répréhensible.

— J'irai, puisque vous l'agréez, dit Sylvinet. A revoir donc, Fadette, je vas me lever, quoique j'aie un grand mal de tête, pour n'avoir point dormi et m'être bien désolé toute la nuit.

— Je veux bien vous ôter encore ce mal de tête, dit-elle; mais songez que ce sera le dernier, et que je vous commande de bien dormir la prochaine nuit.

Elle lui imposa la main sur le front, et, au bout de cinq minutes, il se trouva si rafraîchi et si consolé, qu'il ne sentait plus aucun mal.

— Je vois bien, lui dit-il, que j'avais tort de m'y refuser, Fadette; car vous êtes grande remégeuse, et vous savez charmer la maladie. Tous les autres m'ont fait du mal par leurs drogues, et vous, rien que de me toucher, vous me guérissez; je pense que si je pouvais toujours être auprès de vous, vous m'empêcheriez d'être jamais malade ou fautif. Mais, dites-moi, Fadette, n'êtes-vous plus fâchée contre moi? et voulez-vous compter sur la parole que je vous ai donnée de me soumettre à vous entièrement?

— J'y compte, dit-elle, et, à moins que vous ne changiez d'idée, je vous aimerai comme si vous étiez mon besson.

— Si vous pensiez ce que vous me dites là, Fanchon, vous me diriez tu et non pas vous ; car ce n'est pas la coutume des bessons de se parler avec tant de cérémonie.

— Allons, Sylvain, lève-toi, mange, cause, promène-toi et dors, dit-elle en se levant. Voilà mon commandement pour aujourd'hui. Demain, tu travailleras.

— Et j'irai te voir, dit Sylvinet.

— Soit, dit-elle, et elle s'en alla en le regardant d'un air d'amitié et de pardon, qui lui donna soudainement la force et l'envie de quitter son lit de misère et de fainéantise.

XX

XX

XX

La mère Barbeau ne pouvait assez s'émerveiller de l'habileté de la petite Fadette, et, le soir, elle disait à son homme : Voilà Sylvinet qui se porte mieux qu'il n'a fait depuis six mois ; il a mangé de tout ce qu'on lui a présenté aujourd'hui, sans faire ses grimaces accoutumées ; et ce qu'il y a de plus imaginant, c'est qu'il parle de la petite Fadette comme du bon Dieu. Il n'y a pas de bien qu'il ne m'en ait dit, et il souhaite grandement le retour et le mariage de son frère. C'est comme un miracle, et je ne sais pas si je dors ou si je veille.

— Miracle ou non, dit le père Barbeau, cette fille-là a un grand esprit, et je crois bien que ça doit porter bonheur de l'avoir dans une famille.

Sylvinet partit trois jours après pour aller quérir son frère à Arthon. Il avait demandé à son père et à la Fadette, comme une grande récompense, de pouvoir être le premier à lui annoncer son bonheur.

— Tous les bonheurs me viennent donc à la fois, dit Landry en se pâmant de joie dans ses bras, puisque c'est toi qui viens me chercher, et que tu parais aussi content que moi-même.

Ils revinrent ensemble sans s'amuser en chemin, comme on peut croire, et il n'y eut pas de gens plus heureux que les gens de la Bessonnière quand ils se virent tous attablés pour souper avec la petite Fadette et le petit Jeannet au milieu d'eux.

La vie leur fut bien douce à tretous pendant une demi-année; car la jeune Nannette fut accordée à Cadet Caillaud, qui était le meilleur ami de Landry après ceux de sa famille. Et il fut arrêté que les deux noces se feraient en même temps. Sylvinet avait pris pour la Fadette une amitié si grande qu'il ne faisait rien sans la consulter, et elle avait sur lui tant d'empire qu'il semblait la regarder comme sa mère encore plus que comme sa sœur. Il n'était plus malade, et, de jalousie, il n'en était plus question. Si quelquefois encore il paraissait triste et en train de rêvasser la Fadette le réprimandait, et tout aussitôt il devenait souriant et communicatif.

Les deux mariages eurent lieu le même jour et à la même messe, et, comme le moyen ne manquait pas, on fit de si belles noces que le père Caillaud, qui, de sa vie, n'avait perdu son sang-froid, fit mine d'être un peu gris le troisième jour. Rien ne corrompit la joie de Landry et de toute la famille, et mêmement on pourrait dire de tout le pays; car les deux familles, qui étaient riches, et la petite Fadette, qui l'était autant que les Barbeau et les Caillaud tout ensemble, firent à tout le monde de grandes honnêtetés et de grandes charités. Fanchon avait le cœur trop bon pour ne pas souhaiter de rendre le bien pour le mal à tous ceux qui l'avaient mal jugée. Mêmement, par la suite, quand Landry eut acheté un beau bien qu'il gouvernait on ne peut mieux par son savoir et celui de sa femme, elle y fit bâtir une jolie maison, à l'effet d'y recueillir tous les enfants malheureux de la commune durant quatre heures par chaque jour de la semaine, et elle prenait elle-même la peine, avec son frère Jeannet, de les instruire, de leur enseigner la vraie religion, et même d'assister les plus nécessiteux dans leur misère. Elle se souvenait d'avoir été une enfant malheureuse et délaissée, et les beaux enfants qu'elle mit au monde furent stylés de bonne heure à être affables et compatissants pour ceux qui n'étaient ni riches ni choyés.

Mais qu'advint-il de Sylvinet au milieu du bonheur de sa famille ? une chose que personne ne put comprendre et qui donna grandement à songer au père Barbeau. Un mois environ après le mariage de son frère et de sa sœur, comme son père l'engageait aussi à chercher et à prendre femme, il répondit qu'il ne sentait aucun goût pour le mariage, mais qu'il avait depuis quelque temps une idée qu'il voulait contenter, laquelle était d'être soldat et de s'engager.

Comme les mâles ne sont pas trop nombreux dans les familles de chez nous, et que la terre n'a pas plus de bras qu'il n'en faut, on ne voit quasiment jamais d'engagement volontaire. Aussi chacun s'étonna grandement de cette résolution, de laquelle Sylvinet ne pouvait donner aucune autre raison, sinon sa fantaisie et un goût militaire que personne ne lui avait jamais connu. Tout ce que surent dire ses père et mère, frères et sœurs, et Landry lui-même, ne put l'en détourner, et on fut forcé d'en aviser Fanchon, qui était la meilleure tête et le meilleur conseil de la famille.

Elle causa deux grandes heures avec Sylvinet, et quand on les vit se quitter,

Sylvinet avait pleuré, sa belle-sœur aussi ; mais ils avaient l'air si tranquilles et si résolus qu'il n'y eut plus d'objections à soulever, lorsque Sylvinet dit qu'il persistait, et Fanchon, qu'elle approuvait sa résolution et en augurait pour lui un grand bien dans la suite des temps.

Comme on ne pouvait pas être bien sûr qu'elle n'eût pas là-dessus des connaissances plus grandes encore que celles qu'elle avouait, on n'osa point résister davantage, et la mère Barbeau elle-même se rendit, non sans verser beaucoup de larmes. Landry était désespéré ; mais sa femme lui dit : « C'est la volonté de Dieu et notre devoir à tous de laisser partir Sylvain. Crois que je sais bien ce que je te dis, et ne m'en demande jamais davantage. »

Landry fit la conduite à son frère le plus loin qu'il put, et quand il lui rendit son paquet, qu'il avait voulu tenir jusque-là sur son épaule, il lui sembla qu'il lui donnait son propre cœur à emporter. Il revint trouver sa chère femme, qui eut à le soigner, car pendant un grand mois le chagrin le rendit véritablement malade.

Quant à Sylvain, il ne le fut point, et continua sa route jusqu'à la frontière; car c'était le temps des grandes belles guerres de l'empereur Napoléon. Et, quoiqu'il n'eût jamais eu le moindre goût pour l'état militaire, il commanda si bien à son vouloir, qu'il fut bientôt remarqué comme bon soldat, brave à la bataille comme un homme qui ne cherche que l'occasion de se faire tuer, et pourtant doux et soumis à la discipline comme un enfant, en même temps qu'il était dur à son pauvre corps comme les plus anciens. Comme il avait reçu assez d'éducation pour avoir de l'avancement, il en eut bientôt, et, en dix années de temps, de fatigues, de courage et de belle conduite, il devint capitaine, et encore avec la croix par-dessus le marché.

Ah! s'il pouvait enfin revenir! dit la mère Barbeau à son mari, le soir après le jour où ils avaient reçu de lui une jolie lettre toute pleine d'amitiés pour eux et pour Landry, pour Fanchon, et enfin pour tous les jeunes et vieux de la famille : le voilà quasiment général, et il serait bien temps pour lui de se reposer!

— Le grade qu'il a est assez joli sans

l'augmenter, dit le père Barbeau, et cela ne fait pas moins un grand honneur à une famille de paysans!

— Cette Fadette avait bien prédit que la chose arriverait, reprit la mère Barbeau. Oui-da, qu'elle l'avait annoncé !

— C'est égal, dit le père, je ne m'expliquerai jamais comment son idée a tourné tout à coup de ce côté-là, et comment il s'est fait un pareil changement dans son humeur, lui qui était si tranquille et si ami de ses petites aises !

— Mon vieux, dit la mère, notre bru en sait là-dessus plus long qu'elle n'en veut dire ; mais on n'attrape pas une mère comme moi, et je crois bien que j'en sais aussi long que notre Fadette.

— Il serait bien temps de me le dire, à moi! reprit le père Barbeau.

— Eh bien, répliqua la mère Barbeau, notre Fanchon est trop grande charmeuse, et tellement qu'elle avait charmé Sylvinet plus qu'elle ne l'aurait souhaité. Quand elle vit que le charme opérait si fort, elle eût voulu le retirer ou l'amoindrir; mais elle ne le put, et notre Sylvain, voyant qu'il pensait trop à la femme de son frère, est parti par grand honneur et grande vertu, en quoi la Fanchon l'a soutenu et approuvé.

— Si c'est ainsi, dit le père Barbeau, en se grattant l'oreille, j'ai bien peur qu'il ne se marie jamais, car la baigneuse de Clavière a dit, dans les temps, que lorsqu'il serait épris d'une femme, il ne serait plus si affolé de son frère; mais qu'il n'en aimerait jamais qu'une en sa vie, parce qu'il avait le cœur trop sensible et trop passionné.

FIN.

www.ingramcontent.com/pod-product-compliance
Lightning Source LLC
Chambersburg PA
CBHW050631170426
43200CB00008B/967

ver grâce aux yeux de mes lectrices, c'est que, jusqu'à présent, il n'en sait absolument rien. — Il n'est pas un homme peut-être qui n'ait eu une femme pour confidente de l'amour qu'il ressentait pour une autre femme. — Eh bien! c'est une douce sensation que de sentir cette main délicate panser les blessures du cœur. — Rappelez-vous bien, — et vous verrez que l'amour est un foyer tellement ardent, qu'il brûle, ou au moins échauffe ceux qui s'en approchent sans précautions extrêmes. — L'homme amoureux embrasse à son insu bien des choses dans son amour. — Il aime davantage les fleurs, les arbres, le soleil, — il devient tout amour.

Raoul cependant ne se rend aucun compte du charme qu'il trouve auprès d'Esther; — il ne sait même pas qu'il y trouve du charme, — jusqu'à un soir — où, descendant comme de coutume, et un peu plus tôt que d'ordinaire pour lui donner sa leçon et lui dicter des vers, — il ne trouve qu'une servante qui lui dit :

— J'allais monter chez vous, monsieur Desloges ; tout le monde est au spectacle ; — Mademoiselle m'a bien recommandé de vous prévenir pour que vous ne preniez pas la peine de descendre ; mais il n'est pas encore tout-à-fait l'heure de la leçon, et j'allais monter.

— Ah ! on est au spectacle... dit Raoul stupéfait.

— Oui, on a reçu des billets pendant le dîner, et Monsieur s'est décidé tout-à-coup.

— C'est bien.

Raoul remonte à la chambre — et il se sent *désorienté*, comme disent les bonnes gens... Il ne sait que faire de son temps, — il est triste, découragé, il relit ses vers, il les trouve détestables ; — il veut en faire d'autres, mais il est convaincu que sa pièce ne sera jamais jouée. — Il *découvre* qu'il n'a aucun talent, — qu'il a pris pour l'ardeur du génie l'ardeur des applaudissements et des succès; — il a envie de déchirer sa tragédie; — il va sortir; — il regrette de n'avoir pas demandé à la servante à quel spectacle était allé monsieur Seeburg, — mais il n'ose pas retourner faire cette question, — cela paraîtrait singulier. — Il marche dans sa chambre, il s'assied, il se lève, — puis il se décide, il redescend et sonne; mais cette fois personne ne vient ouvrir; la servante a profité de l'absence de ses maîtres pour sortir de son côté.

Il met son chapeau et se trouve dans la rue sans savoir de quel côté tourner ses pas. — Heureusement qu'il rencontre Calixte. — Calixte l'emmène dans un endroit où Raoul n'est jamais entré, — dans un estaminet où il passe toutes ses soirées. — On y fume, on y boit de la bière, on y joue au billard. Raoul étouffe dans cet antre, — il s'y ennuie, — et cependant il n'en sort pas. — Où irait-il? — D'ailleurs on *joue la poule ;* — c'est un jeu à deux billes où jouent en même temps une quinzaine de joueurs. — Calixte ne joue guère que quatre ou cinq fois dans une demi-heure; — dans les intervalles, il cause avec Raoul. — Calixte est habile et gagne.

Il est minuit lorsqu'ils sortent de l'estaminet; Mandron conduit Raoul jusqu'à sa porte; — mais Raoul ne voit pas de lumière à la fenêtre de monsieur Seeburg, il reconduit Mandron jusqu'au pont des Arts.

— Ah çà! mais où demeures-tu? lui dit-il.

— C'est tout au plus si je demeure, répond Calixte. Tu sais comment cet animal de Seeburg m'a mis mal avec mon père; eh bien! cette fois le père Mandron s'est fâché tout rouge, — il a payé Seeburg; mais il a rassemblé ses économies et il est allé vivre à la campagne avec sa chaste épouse, après m'avoir écrit une longue lettre — renfermant un billet de 500 fr., — une déclaration qu'il ne s'occupe plus de moi à l'avenir, — et trois bonnes pages de conseils. — Au bout de peu de temps, je me suis aperçu qu'il ne me restait plus que les conseils. — J'ai rencontré un ancien camarade avec lequel j'ai renouvelé connaissance et nous demeurons ensemble jusqu'à ce que je trouve un emploi... qui viendra quand il voudra. — J'ai un *bonheur insolent au billard*.

— Mais, dit Raoul, ce n'est pas un état; — si on te demande ta profession, — tu ne peux pas répondre : Fort au billard.

— Pour ce qui est des états, j'en ai plusieurs, — je suis artiste, — je suis avocat;

mais je médite autre chose dont je te parlerai quand ce sera plus avancé... c'est magnifique... je mènerai alors une vie *cousue d'or et de soie.*

— Ah çà ! mais nous marchons toujours... Est-ce que ce n'est pas à Paris que demeure ton ami ?

— Pardon, — c'est à Paris, — c'est sur le quai Saint-Michel. — Nous y voilà. — Mais je vais te reconduire un peu.

— Volontiers... Et ton ami, qu'est-ce qu'il fait ?... quel état a-t-il ?... il est peut-être *fort aux dominos ?*

— Lui ! je lui rends cinquante points de cent ; — il est artiste... acteur.

— Ah ! diable... A quel théâtre ?

— Au Cirque-Olympique.

— On l'appelle ?

— Ses amis l'appellent Alexandre ; —

mais au théâtre il n'est pas connu par son nom...

— Ah! c'est fréquent... beaucoup d'artistes distingués prennent un nom en entrant au théâtre...

— Ce n'est pas cela... sur l'affiche on ne le distingue que collectivement, — comme paysans et soldats, — peuple, — hommes d'armes, quelquefois même il n'est annoncé à l'enthousiasme du public que par un sens; — pour le moment, il joue le rôle d'un flot.

— Comment, d'un flot?

— Oui, la mer s'exécute au moyen d'une grande toile verte sous laquelle s'agitent des figurants; — mon ami est une des lames de l'Océan du Cirque-Olmpique; il est calme au premier acte, mais très-orageux au troisième. — Nous voici à moitié chemin, nous ne pouvons nous reconduire ainsi toute la nuit ; — je demeure quai Saint-Michel, 18, — viens me voir... Je ne vais pas chez toi — à cause de ce ridicule Seeburg, qui demeure dans ta maison. — Du reste, on me trouve tous les soirs à l'estaminet où nous avons passé la soirée. — Bonsoir.

Les amis se séparèrent. — Raoul, en rentrant, vit toujours obscures les fenêtres du tailleur ; — il demanda au portier s'il attendait toujours *quelqu'un*.

— Non, il n'y avait dehors que vous et les Seeburg, et il y a plus d'une demi-heure qu'ils sont rentrés.

Le lendemain, à l'heure de la leçon, Raoul tremblait presque en sonnant à la porte de M. Seeburg ; — il fut distrait en donnant la leçon à Alfred ; — il était réconcilié avec ses vers, — il les dicta à Esther, c'était la fin du deuxième acte.

ACTE DEUXIÈME.

(Cinq jours se sont écoulés. — Une habitation ouverte par le fond.)

SCÈNE Iʳᵉ.

Almiri complote avec deux des esclaves restés au pouvoir de Fernandès, Uncas et Seliko, — un nom emprunté à Cooper, et l'autre je ne sais à qui. — Ce jour est fixé pour la révolte; on prendra le premier prétexte qui se présentera. Le jour commence à poindre. Almiri s'échappe.

SCÈNE II.

CORA, femme esclave, et LOYSE, femme de chambre blanche, attachée au service de Zoraïde.

On attend un parent de Fernandès, — et, dit tout bas Loyse, sans doute un époux pour Zoraïde.

SCÈNE III.

EMPSAEL, vêtu comme les autres esclaves, — MAGUA, vieil esclave.

EMPSAEL.

Avec de longs efforts lentement je me traîne ;
Mes pieds mal assurés me soutiennent à peine.

MAGUA.

Quoi donc ! un homme brun, un enfant des forêts,
De la fatigue ainsi peut redouter l'excès !
N'as-tu jamais porté la hache de la guerre ?
Sur les sables brûlants, d'une course légère,
N'as-tu jamais laissé l'empreinte de tes pas ?
L'esclavage a-t-il pu briser ainsi tes bras ?

EMPSAEL.

Magua, c'est sur le cœur que pèse l'esclavage...

. . . .

Zoraïde.... *Cinq fois a paru la lumière*
Depuis que je n'ai vu Zoraïde et ma mère.
O ! si d'un seul regard, d'un regard de douleur,
D'un seul regard d'amour elle échauffait mon cœur !
Si sa main un instant frémissait dans la mienne,
Si ma bouche un instant respirait son haleine !...

Mon sang est tout glacé, mon courage est brisé,
Et sous le poids des fers mon cœur est écrasé...
Elle est venue ici ! mon cœur est plus heureux.
Ses pieds ont donc touché ce sol... là... dans ces lieux...
Et je ne sais quoi d'elle est resté sur la terre.
Dans l'air que je respire...

MAGUA.

Et cependant ton père
Etait un grand guerrier ; ensemble, aux premiers rangs,
Nous avons combattu dans des combats sanglants ;
Son aspect noble et fier répandait l'épouvante.
La mort suivait les coups de sa hache sanglante,
Et sur la même natte on nous a vus souvent,
Au retour du combat, reposer un moment.
Et le chef des guerriers, vaincu par l'esclavage,
De vivre parmi nous n'a pas eu le courage.

. . . .

Pour moi, vingt-cinq hivers de leurs sombres haleines
Ont refroidi le sang qui bouillait dans mes veines,
Et les fers sont moins lourds alors qu'on est moins fort.
Sans crainte, sans espoir, j'attends ici la mort ;
Mon tour viendra bientôt... Tous les ans le feuillage,
Jeune et vert quelque temps, nous donne un doux om-
Mais quand la froide bise amène les hivers,   (brage ;

Il jaunit, roule au loin, vole, jouet des airs...
Du courage ! Empsaël.

EMPSAEL.

Ah ! si tu m'avais vu,
Traverser les forêts, leur ombrage touffu,
Et bravant le courroux des ondes mugissantes,
Franchir de nos torrents les vagues écumantes.
J'étais heureux alors et j'étais libre encor ;
Mon pied rasait le sol comme le vent du Nord...
Aussi libre que lui, je foulais l'herbe épaisse,
Je marchais au hasard, selon que ma paresse,
Ou la chasse ou l'amour guidaient mes pas errants.

MAGUA.

Je me rappelle encor ma case et le feuillage,
Les deux hauts *citronniers* dont le mobile ombrage,
Couronné de fruits d'or, s'étendait sur mon toit ;
Quand fatigué, le soir, je revenais chez moi,
Au-dessus des *palmiers*, de leur *sombre feuillée*,
De ma case on voyait s'élever la *fumée*...

On entend du bruit ; — les esclaves s'éloignent. Zoraïde entre avec Loyse et veut rester seule. — Elle rejette les ornements dont on veut la parer :

Oh ! loin de moi toujours ornements superflus !
Et pourquoi me parer, il ne me verra plus...
Quand nous étions ensemble, alors de ma parure
J'empruntais tous les frais à la riche nature ;
Je mettais avec soin dans l'or de mes cheveux
Les fleurs dont les couleurs charmaient le plus ses yeux.

Ce monologue est fort long ; — il est heureusement, quoique trop tard, interrompu par Empsaël que poursuit le chef des esclaves qui veut le frapper. — Empsaël menace son agresseur — et voit Zoraïde. — Zoraïde renvoie le chef des esclaves qui sort sur ce vers :

Je vais aller trouver le seigneur Fernandès.

Zoraïde et Empsaël sortent ensemble.

EMPSAEL.

Ah! je revois encor, j'entends ma Zoraïde.
Tous mes maux ont passé comme une ombre rapide.
Un seul de tes regards a calmé ma douleur.

ZORAIDE.

Que ses traits sont changés *par le poids du malheur!*
Ses yeux seuls ont gardé ce regard dont la flamme
Pénètre doucement jusqu'au fond de mon âme.
Est-ce ainsi qu'il devait reparaître à mes yeux!

EMPSAEL.

Fuyez, mes souvenirs, et laissez à mon *âme*
D'un bonheur passager *goûter* la vive *flamme.*
Je suis auprès de toi! mes fers sont plus légers!
Je suis auprès de toi! Depuis cinq jours entiers,
Zoraïde, ma main n'a pas pressé la tienne,
Je n'ai pas respiré cette suave haleine,
Ta voix n'a pas sonné jusqu'au fond de mon cœur.
O! que de cet instant je sens bien la douceur!
Fixe, Fixe sur moi ce douloureux sourire!
Oh! qu'il est pur cet air, cet air qu'elle respire!
Qu'il dispose mon âme aux rêves de bonheur!
Ces pleurs longtemps captifs, qu'ils soulagent mon cœur!

Zoraïde veut qu'Empsaël s'enfuie ; — mais Empsaël refuse de quitter les lieux qu'habite son amante adorée.

Vivrais-je loin de toi ! — loin de ma *tendre amie !*
Loin de ma Zoraïde ! En toi seule est ma vie !
Elle est dans tes regards, quand leur triste langueur
Répand dans tout mon être une douce chaleur.
Ma vie ! elle est encor sur ta bouche charmante
Quand j'entends les accents de cette voix touchante !

Si Empsaël n'est pas très sauvage, Zoraïde en revanche l'est beaucoup. Empsaël veut la presser sur son cœur, elle le repousse avec effroi et s'écrie d'un ton de reproche :

Empsaël !

EMPSAEL.

Tu me crains?...

ZORAIDE.

Tu n'es pas mon époux !
Ah! du Dieu qui nous voit redoutons le courroux.

EMPSAEL.

L'amour est un présent de ce Dieu tutélaire :
Il ne peut attirer son regard de colère ;
A notre vie il est comme aux prés sont les fleurs
Comme aux fleurs du printemps leurs suaves odeurs.
L'amour anime tout, par l'amour tout respire ;
De la Divinité l'amour est un sourire.

Cela dure assez longtemps et durerait encore plus si le chef des esclaves n'était allé *chercher le seigneur Fernandès*. — Fernandès trouve sa fille dans les bras d'Empsaël. Il est furieux. — Empsaël lui récite les quatre-vingts vers d'injures que doit subir tout tyran de tragédie, toutes fois et quantes il plaît à sa victime de les lui sangler. — Fernandès lui répond, — seulement pour qu'il reprenne haleine, — mais il lui avoue imprudemment que Myrrha est morte.

EMPSAEL.

Elle est morte ! elle est morte !
Quelle nouvelle affreuse ! Et celui qui l'apporte...

C'est toi... son assassin !... C'est toi dont les fureurs
De sa longue agonie ont causé les douleurs !
Oh ! ma mère ! ma mère ! oh ! quelle mort horrible !
Oh ! qu'elle a dû souffrir dans ce moment terrible !
Je crois l'entendre... là... d'un accent presque éteint,
Invoquer ses deux fils contre son assassin !..
Mes enfants, vengez-moi ! — Tu le seras, ma mère...
Tes accents n'ont pas fui *sur la brise légère*,
Ils ont résonné là jusqu'au fond de mon cœur.

Il va frapper Fernandès d'un poignard, lorsque Zoraïde se jette à genoux et demande la grâce de son père. — Il remet son poignard dans son sein ; — mais on accourt, on saisit Empsaël. — Zoraïde demande à son père la grâce d'Empsaël, mais cette fois sa prière n'est pas écoutée. — Empsaël va périr, — d'autant que des bruits de révolte circulent dans l'habitation, il faut un exemple. — Zoraïde se jette dans les bras d'Empsaël : on les sépare ; on voit passer Almiri dans le fond du théâtre, — et le deuxième acte est fini.

Esther trouve cela magnifique.

XVI

Un matin, à peine s'il faisait jour, Calixte arriva chez Raoul. — Il parlait vite, était ému... Tu ne sais pas... il arrive une chose singulière... — J'ai absolument besoin de toi.

— Pour quoi faire ?

— C'est Alexandre qui a un duel.

— Qui ça, Alexandre ?

— Eh ! mon ami.... le flot du Cirque.

— Et que veux-tu que j'y fasse?

— Il faut absolument que tu sois témoin avec moi...

Raoul hésite, fait quelques objections, et finit par consentir. Ils se mettent en route pour le quai Saint-Michel; chemin faisant, Carlixte raconte l'évènement. — On jouait hier deux pièces au Cirque. — La pièce où Alexandre joue son rôle de flot avait été sans encombre. — Dans la seconde pièce, Alexandre, qui d'ordinaire joue les Français, avait passé à l'ennemi par punition. — Mais tu ne comprends peut-être pas bien cela. — Dans tous les mimodrames du Cirque, il y a des combats dans lesquels les Français finissent toujours par être vainqueurs. — Outre que le rôle d'Anglais, de Russe ou de Prussien expose celui qui le remplit à une humiliation, il arrive souvent que les Français abusent de leur victoire et profitent du moment où l'étranger tombe ou fuit, pour lui donner quelque coup de sabre ou quelque coup de pied qui n'est pas écrit dans le drame, mais qui obtient le plus grand succès et excite les applaudissements du public.

Quand un figurant a mérité quelque punition par son inexactitude ou sa *tenue*, il cesse d'être Français pendant deux ou trois semaines, selon la gravité du cas : il devient Russe, Prussien ou Anglais. Alexandre est Anglais depuis huit jours ; — il y a au deuxième acte de la pièce — un combat au sabre entre un Anglais et un Français, c'est toujours Alexandre qui avait joué le Français, — c'est lui qui a *créé le rôle ;* — tu avoueras que c'est humiliant après avoir été vainqueur tous les soirs pendant trois mois devant quinze cents personnes. Hier, surtout, — le peuple français qui meublait le paradis du Cirque était, je ne sais pourquoi, furieux contre les Anglais ; — il les avait accueillis par des huées chaque fois qu'ils avaient paru sur le théâtre. — Tu conviendras que c'est *vexant*, — parce qu'après tout, — on est Français dans le fond. — Quand arriva le combat, ce furent des cris épouvantables et des encouragements, des battements de mains inouïs pour celui qui remplissait le rôle *créé* par Alexandre ; — il y avait surtout dans une avant-scène des jeunes gens qui avaient *bien dîné* et qui faisaient plus de bruit que tout le reste de la salle ; — Alexandre était vexé, — et son adversaire, se grisant bêtement du bruit des applaudissements et des cris, — commença à ne plus le ménager et lui donna un coup de sabre sur la main. — Ma foi, Alexandre était en colère, — il riposta par un coup de sabre bien sanglé sur la jambe, — et voilà le combat qui s'engage pour tout de bon. — Du paradis et de l'avant-scène on

criait — xi... xi... xi... tue-le ! tape dessus !
— Le combat devait naturellement finir à la ritournelle de l'air joué par l'orchestre, — mais le chef d'orchestre, voyant qu'on continuait, fait recommencer l'air guerrier, — les xi, xi, les clameurs, les applaudissements, — la musique belliqueuse continuent d'animer les combattants ; — cependant le Français recule et va être mis en fuite ; — indignation du public ; — de l'avant-scène même on jette des pommes à Alexandre ; — le Français se sentant inférieur — jette son sabre — et saute sur l'Anglais ; — ils se saisissent, — ils s'empoignent, — les pommes pleuvent ; — cependant ils arrivent près d'une coulisse où on les attire et où on les fait disparaître. — Mais nous voici au quai Saint-Michel... 18... c'est cela, — montons.

— Tu ne finis pas l'histoire... C'est donc

avec le *Français* que ton ami Alexandre se bat aujourd'hui?

— Tu sauras le reste là-haut; montons.

On monte, on trouve Alexandre qui se promène avec agitation dans sa chambre. — Il se plaît à se rappeler tous les rôles où il a été vainqueur.

— Voici mon ami Raoul Desloges qui consent à être ton témoin avec moi.

— Monsieur, veuillez agréer l'assurance de toute ma gratitude.

M. Alexandre est un homme grand et gros, avec des cheveux noirs ruisselants de pommade. — Sa voix, son geste, ses paroles, ses vêtements, tout est rempli d'affectation.

La chambre est fort délabrée, quoique M. Alexandre, attendant les témoins de son adversaire, se soit efforcé de lui donner un air *comfortable*.

A peine Raoul et Calixte étaient entrés

qu'on entend monter bruyamment l'escalier,
— et deux jeunes gens frappent à la porte
sur laquelle est écrit :

M. Alexandre Grandin, Artiste Dramatique.

C'est Calixte qui ouvre la porte. L'un des jeunes gens prend la parole.

— C'est ici que demeure M. Grandin?

— Oui, monsieur, c'est moi-même, dit Alexandre, et ces messieurs sont mes témoins.

Les quatre jeunes gens se saluèrent.

— Vous savez sans doute, messieurs, de quoi il s'agit, continua le jeune homme qui avait pris la parole, — en s'adressant à Raoul et à Calixte. — Monsieur, ici présent, — s'est précipité dans la loge d'avant-scène que nous occupions avec un de nos amis ; — il nous a dit force injures ; notre ami, qui se trouvait le plus près de lui, l'a pris par les épaules et l'a mis dehors en le poussant du pied. — Monsieur nous a envoyé sa carte, sur le dos de laquelle nous avons lu avec quelque gaîté un cartel emprunté à quelque mimodrame du Cirque. — Après discussion, celui de nous qui a eu le plaisir de *recevoir* monsieur dans sa loge a pris le cartel pour lui, — il est en bas dans un fiacre. Nous venons voir maintenant quelles sont les prétentions de monsieur.

— Monsieur Alexandre a été insulté par vous, messieurs, vous l'avez hué et vous lui avez jeté des pommes.

— Mais, mon cher monsieur, vous rêvez, nous ne l'avions jamais vu avant son invasion dans notre loge.

— Pardon, monsieur Alexandre jouait dans la pièce ; c'est lui qui était l'Anglais auquel vous avez jeté des pommes.

—Ah ! c'est monsieur... eh bien ! monsieur

peut se flatter de nous avoir fait plaisir dans ce rôle-là, — jamais Bouffé, ni Vernet, ni Arnal, ni Odry, ne nous ont fait rire comme monsieur.

— Monsieur Alexandre, qui, s'il avait joué un rôle comique, serait très-heureux de cet effet produit, — s'en trouve offensé parce qu'il jouait un rôle sérieux.

— Eh bien, nous avons cru que c'était un rôle comique, parole d'honneur !

— Messieurs, dit Alexandre la main dans son gilet et la tête fièrement renversée en arrière, — vous n'êtes sans doute pas venus ici pour plaisanter...

— Mais peut-être bien, monsieur...

A ce moment on frappe à la porte, — c'est l'adversaire de Monsieur Alexandre qui s'ennuie en bas et qui monte. — Mais quel est l'étonnement de Raoul et de Calixte en reconnaissant... Félix Hédouin !

— Comment, c'est toi?

— Oui... mais par quel hasard est-tu ici, Raoul? — Je suis allé chez toi... ce matin... en venant ici... on m'a dit que tu étais sorti de bonne heure.

— Calixte était venu me chercher pour que je servisse avec lui de témoin à son ami; mais...

On explique à Félix quel est son adversaire et comment il l'a offensé. Ses amis prétendent qu'il ne doit aucune réparation... Mais Félix :

— Allons, monsieur, prenez votre hache. Est-ce à la hache que nous nous battons?... J'ai toujours eu envie de me battre à la hache...

On discute longuement; — mais Calixte et surtout Raoul sont décidés à ce que le duel n'ait pas lieu. — On décide que Félix fera des excuses ainsi rédigées : — J'avoue que j'ai sifflé et hué monsieur, et que je lui ai jeté quelques pommes, — mais c'était par patriotisme,—le supposant Anglais.—Monsieur étant Français et partageant mes opinions, c'est à son rôle que j'ai jeté des pommes. — Pour la seconde partie de nos relations, j'ai, il est vrai, jeté monsieur hors de notre loge et je lui ai donné un coup de pied, mais c'était sans intention de l'offenser.

L'affaire terminée, Raoul s'en va avec Félix. — Quand ils sont seuls, — Raoul lui dit :

— Imprudent! comment, tu allais te battre... pour une pareille sottise... et ton père... malheureux !... et *tes* sœurs !...

— J'y avais pensé, reprit sérieusement Félix, mais que veux-tu ! un jeune homme comme moi qui ne s'est jamais battu !... Ce n'est pas son premier duel qu'on peut refuser... quel qu'il soit... Après tout, j'ai passé une mauvaise nuit. — J'étais allé chez toi ce matin pour te chercher; — tiens, voici une lettre que je t'aurais donnée pour mon père en cas... de malheur. — Mais, ajouta Félix, c'est fini, n'en parlons plus.

— Eh bien, Alexandre, dit Calixte à son ami, — nous sommes vainqueurs, — tes ennemis t'ont adressé des excuses et tu as pardonné. — Je croyais qu'ils nous inviteraient à déjeuner.

— Je n'eusse pas accepté.

— Mon bon ami, en fait de dévoûment, il est de bon goût de se dévouer soi-même. — Mais je t'aurais prié, le cas échéant, d'observer que ç'aurait été me compromettre dans ta superbe attitude. — Pour refuser un déjeuner qu'un ami ne peut accepter si tu refuses, il faut que tu puisses en offrir un au moins égal audit ami, sans quoi je maintiens que tu n'as pas le droit de refuser. Ça me serait égal sans cette maudite poule d'hier que j'ai perdue, après avoir *acheté une bille*, encore! — et contre *un véritable agneau*, un garçon avec lequel je jouerai quand il voudra ma vie contre un petit écu.

— Il n'accepterait peut-être pas, dit Alexandre.

— Oui... plaisante... sais-tu que ton duel m'embarrassait et me préoccupait?

— Excellent ami! — dit Alexandre attendri en serrant les mains de Calixte.

— Ce n'est pas ce que tu crois... c'est que nous n'avions pas d'argent pour prendre un fiacre... J'en aurais bien demandé à Desloges, — mais j'ai un flair excellent, je gage qu'il n'avait pas le sou non plus... Comment allons-nous composer le menu de notre déjeuner?

— Je suis en position de t'offrir à déjeuner, — j'ai un crédit expirant — chez

une sorte de restaurant derrière le Cirque ;
— allons-y.

Les deux amis arrivent à un cabaret où Grandin connaît tout le monde ; il donne la main au maître de la maison, — il offre à la femme du comptoir un bouquet de violettes d'un sou qu'il a acheté sur le boulevard, — il appelle les garçons par leur nom ; mais malgré le déploiement de ses plus aimables sourires, on le reçoit froidement ; — le chef de l'établissement se laisse secouer la main sans répondre à cette amicale étreinte ; — la reine du comptoir, qui est sa femme, — remercie froidement Grandin de son bouquet et le laisse sur le marbre du comptoir ; — les garçons sont distraits, — servent négligemment, — oublient de commander à la cuisine ce que demande l'amphitryon de Calixte.

— Diable ! dit Alexandre, mon crédit est plus bas encore que je ne le supposais ; — il est mort, il s'agit de l'enterrer convenablement. — Garçon, des filets de chevreuil, du pâté de foie gras, et du *bordeaux première*.

Le garçon est longtemps sans revenir, — il est allé consulter au comptoir. — Alexandre le rappelle.

— Garçon, priez monsieur Gerdou de venir me parler.

— Mon bon monsieur Gerdou, dit Alexandre, vous joindrez à ma carte le relevé de quelques cartes que je dois ici, — n'est-ce pas?

Monsieur Gerdou se déride. — On sert le pâté, le chevreuil et le vin de Bordeaux de la première qualité.

— Eh bien! ingrat, dit Alexandre, regrettes-tu le déjeuner que tu aurais lâchement accepté de nos ennemis humiliés?

— Non, et je ne veux plus désormais déjeuner autrement, répond Calixte, que le vin de Bordeaux ne tarde pas à animer singulièrement.

— Il ne faut cependant pas t'y accoutumer, reprend Alexandre ; une fois sortis d'ici, nous n'avons pas à espérer jamais un verre d'eau sans que nous le payions d'avance.

— Ce n'est pas sur l'ignoble moyen du *pouf* et du crédit que je compte pour me nourrir convenablement. — J'ai un projet depuis longtemps... Tu connais bien ce petit monsieur qui vient au théâtre, — toujours bien mis, — couvert de chaînes d'or?

— Parbleu! l'amant de la petite Indiana.

— Oui.

— Eh bien!... c'est une espèce de journaliste, — il *fait* dans un prétendu journal — le feuilleton des petits théâtres; — il a ses entrées dans les coulisses, il est aimé d'Indiana sans qu'il lui en coûte autre chose que de dire du bien d'elle dans ses articles ; il est bien mis, — il dîne où il veut — tous les jours — et très bien... — Je veux me faire journaliste... mais il y a une difficulté : — j'ai envoyé cent fois aux petits journaux des articles, — jamais il n'en ont inséré un seul ; — le dernier... c'est quand ton propriétaire t'a donné congé... Je l'avais arrangé... là, de la bonne façon... J'avais signé... *un de vos abonnés*, — pour leur inspirer un peu de respect. — Cela n'a servi à rien. — L'article n'a pas paru. — Vois-tu, — tout ça ce sont des coteries, — c'est une conspiration pour empêcher les jeunes talents de se produire... Mais il y a un moyen... c'est de faire un journal nous-mêmes, — un journal à nous... Ce serait déjà fait si, d'après des calculs irréprochables, — il ne me manquait juste cent cinquante mille francs pour commencer... Je n'ai pas pensé à te demander si tu les avais; mais je suppose que tu ne les as pas.

— Je ne les ai pas, répondit froidement Alexandre. — Garçon, ajouta-t-il, du vin de Champagne !... Mais de Moët... Je n'en veux pas d'autre.

— Nous ne pouvons donc faire ni un journal politique ni un journal quotidien... ni un journal hebdomadaire... L'important est de faire un numéro ; — c'est moins cher, il ne faut que soixante francs.

— C'est beaucoup moins cher en effet. Garçon ! le café... très chaud ; si je peux le boire... je le renvoie. — La difficulté est d'avoir soixante francs.

— En effet ; c'est précisément aussi difficile que d'avoir cent cinqnante mille francs, — et ce n'est pas la peine d'abandonner ton premier projet pour celui-ci.

— J'ai un projet pour les soixante francs...

Avec quatre abonnements de trois mois nous avons notre affaire... Mais il faut faire imprimer des quittances ; — on peut même les faire lithographier, — à la rigueur, il faudrait dix francs. — La difficulté, qui, tu le le vois, s'est fort amoindrie au feu de la réflexion, — ne consiste donc plus qu'à trouver dix francs.

— Dix francs ou cent cinquante mille francs, c'est tout un.

— Les dix francs, je les aurai, — et cela demain matin. — Il faut que dès aujourd'hui tu donnes ta démission au Cirque, pour deux raisons : la première est qu'il ne convient pas qu'un homme qui va distribuer le blâme et l'éloge aux artistes les plus hauts placés reste dans cette condition inférieure ; — la seconde, c'est qu'on n'attend que ton arrivée aujourd'hui pour te faire mettre à la porte par les garçons du théâtre.

— Comment le sais-tu ?...

— Tu comprends que tu l'as mérité hier, et que ce sera justice. — D'ailleurs, il faut nous consacrer exclusivement à notre futur journal.

. . . .

Quelques jours après, le soir, Raoul lut à Esther le troisième et dernier acte de sa tragédie.

Ce n'est pas pour rien qu'Almiri a paru au fond du théâtre au moment où on menait Empsaël à la mort. — Il a donné le signal de l'attaque. — Deux esclaves commencent le troisième acte. — Les habitations sont détruites.

CORA.

Uncas, mon cœur palpite encore de frayeur ;
Ce tumulte, ces cris, ce fracas plein d'horreur.
La terre, de carnage et de sang tout humide,
Le feu dévorant tout dans sa course rapide...

UNCAS.

Eloigne ces pensers, ne songeons qu'au bonheur;
Libre, je puis enfin te presser sur mon cœur...
Affranchis pour jamais d'une longue contrainte,
Réunis pour jamais, nous nous voyons sans crainte.
Réunis pour toujours...

CORA.

     Uncas, oui, pour toujours...
Je verrai mon époux, mon Uncas, tous les jours...
Je n'ose encore y croire... Ah! que cette journée
A changé tout le cours de notre destinée!

UNCAS.

Les tyrans massacrés ou chargés de liens,
Nous délivrés des fers qui retenaient nos mains...
Réunis à nos fils, réunis à nos femmes...
Les habitations détruites par les flammes...
Almiri, digne fils d'un père généreux,
Conduisant au combat nos guerriers valeureux,
Et du chef des guerriers revêtant la parure,
Et des plumes de pourpre ornant sa chevelure,
Tout rappelait au cœur ces longs jours de bonheur
Où son père aux combats *guidait notre valeur*,
Comme il a renversé ceux qui tenaient son frère!
Moins prompt le vent du nord fait voler la poussière.

CORA.

Et lui-même, Empsaël ! quel feu dans son regard !
Une hache à la main, il frappait au hasard...
Et toi, je te voyais parmi les combattants,
T'élancer furieux toujours aux premiers rangs ;
A chaque coup fatal suspendu sur ta tête,
A mourir avec toi ton *épouse* était prête.

UNCAS, avec force.

Les tyrans sont détruits !

CORA.

Plus bas, Uncas, plus bas !

UNCAS.

Que crains-tu ? Rien ne peut t'arracher de mes bras.

CORA.

J'ai langui si longtemps dans cette servitude,
De craindre, de trembler j'avais pris l'habitude...

Uncas la rassure, tous deux s'éloignent en voyant paraître Empsaël qui vient au tombeau de sa mère, sur lequel Almiri a élevé un tertre de gazon.

Empsaël a confié Zoraïde au vieux Magua,
— il s'agenouille devant le tombeau de
Mirrha.

Que mon cœur est serré !... Là... couverte de terre...
Au froissement du sol sous mon pied incertain,
Je sens un froid mortel se glisser dans mon sein...
Elle est morte ! — ma main n'a pas clos sa paupière !
Elle est morte de faim, de douleur, de misère !
Pauvre, pauvre Mirrha ! déjà froide ; ta main
N'a pu toucher la mienne, et ton regard éteint
N'a pas vu tes enfants, et tes lèvres glacées
Du long baiser d'adieu n'ont pas été pressées !
Demain, quand nous allons quitter ces bords sanglants,
Va, ne redoute pas que tes tristes enfants
Veuillent te laisser là... te laisser à la terre !
Tu viendras avec nous, Mirrha, ma bonne mère ;
Au-delà du grand lac j'emporterai tes os ;
Là près de tes deux fils, dans un lieu de repos,
Tu dormiras tranquille ; un *tamarin* sauvage
Recourbera sur toi son lugubre feuillage ;
Chaque jour, quand viendra l'heure triste du soir,
Empsaël, Almiri, viendront tous deux te voir...
Mon père ! . . . .

En effet, c'est Almiri. — Magua a été blessé, Almiri amène Zoraïde à son frère. — Zoraïde n'a qu'une pensée, c'est le danger que court son père ; Empsaël lui promet qu'il pourra s'éloigner sans crainte ; — mais quand il apprend que Zoraïde veut le suivre, il entre en grande colère ; — il prie, il menace, — puis il revient à la prière.

Ne dois-tu pas un jour être épouse, être mère,
Ne dois-tu pas un jour abandonner ce père,
Ce père, dont l'amour ne se montra jamais
Que pour rompre des nœuds qu'alors tu chérissais ?
Oh ! viens, ma Zoraïde, oh ! viens, ma bien-aimée,
Respirer du désert la brise parfumée !
De l'ombre des palmiers viens goûter la fraîcheur ;
Viens dans ma case, viens ; là sera le bonheur.
Ma case ! avec quel soin elle sera parée !
Toujours de vert feuillage au dedans décorée ;
Au dehors, les rameaux des citronniers épais
En cacheront le faîte aux regards indiscrets,
Et sous les verts abris de leur paisible ombrage,
Tranquille dans leur nid, sautant sous le feuillage,

Les oiseaux du désert *chanteront* tout le jour.
Le gazon sous tes pas s'étendra tout autour.
. . . .
Le bonheur nous attend. — Un jour tu seras mère.
Mère, ma Zoraïde... Ah! quel doux ministère!
Qu'il est charmant, ce mot! — L'as-tu bien entendu?
A ton sein palpitant un enfant suspendu;
Ses bras tendus vers nous aussitôt qu'il s'éveille,
Sa voix confuse encore, hormis à notre oreille,
Et bégayant déjà ton titre précieux...
Ses regards incertains cherchant déjà nos yeux...
Ah! que cet avenir nous présente de charmes!
Tu ne me réponds pas, mais tu verses des larmes...
Zoraïde! O destin, je brave ton courroux!
Tu me verrais sourire accablé sous tes coups.
Frappe, je te défie!...

Les esclaves vainqueurs envahissent la scène; — ils demandent la mort de Fernandès. — Empsaël et le vieux Magua veulent le défendre; mais leur voix est étouffée par les clameurs. — Empsaël prie, menace, défie; — dans un moment où la fureur des esclaves redouble, — Zoraïde embrasse son père en s'écriant :

Empsaël, défends-nous !

Empsaël se jette au-devant d'eux le poignard à la main ; — il mourra s'il le faut. — Au moment du plus grand tumulte, — Fernandès s'écrie :

Esclaves, arrêtez, vous voulez mon trépas ?
Je mourrai, mais du moins jamais ma Zoraïde
N'épousera ce noir.

EMPSAËL.

Elle est à moi, perfide !

FERNANDÈS.

Quoi ! ma fille épouser un esclave ! jamais !
Elle meurt avec moi, je mourrai sans regrets.

EMPSAËL.

Elle meurt avec toi ! cruel ! qu'oses-tu dire ?...
Mon épouse...

FERNANDÈS, la frappant de son poignard.

Prends-la, la voilà ! tiens !...

ZORAIDE.

J'expire !

EMPSAEL.

O désespoir affreux ! elle meurt...

ZORAIDE.

Dieu du ciel !
Pardonne au meurtrier, à mon père... Empsaël !..

Elle tend la main à Empsaël et tombe morte sur la tombe de Mirrha. — Empsaël s'agenouille auprès de son corps, mais pendant ce temps, Diégo, qui s'est enfui, a rencontré ce parent de Fernandès que l'on attendait à l'habitation. Ils arrivent avec des troupes, et les esclaves sont entourés.

UNCAS.

Amis ! tout est perdu !

ALMIRI.

Comment?... que signifie...

UNCAS.

Nous sommes entourés d'une troupe ennemie.
A leur tête est Diégo...

FERNANDÈS.

Diégo !

EMPSAEL.

Nous combattrons !

UNCAS.

Ils seraient dix contre un.

EMPSAEL.

Eh bien ! nous périrons !

Les esclaves hésitent. Empsaël s'écrie avec amertume :

Ils seraient dix contre un ! Ils ont peur de mourir.

ALMIRI.

Lâches !... il en est temps.. Hâtez-vous donc d'offrir
A de nouveaux liens vos mains obéissantes ;
Les armes pour vos bras deviennent trop pesantes.

Voilà votre tyran, mettez-vous à genoux,
Et tâchez d'apaiser son superbe courroux ;
Il daignera peut-être écouter vos prières...

Le cercle des soldats se resserre. — On commence à enchaîner les esclaves. — Almiri se jette sur Fernandès. — On l'arrête, on le désarme. — Empsaël le prend par la main, et le conduisant près de la tombe sous laquelle est Mirrha, sur laquelle est Zoraïde, il dit, avec tranquillité d'abord, puis avec enthousiasme :

Calme ces vains transports. — Adieu, vous dont le cœur
Préfère l'esclavage à l'éternel bonheur...
Un jour, la liberté tout autour de la terre
Fera briller enfin sa féconde lumière.
Tout sera libre enfin sur la terre et les flots.

. . . .

Heureux ceux dont les yeux verront ces jours de gloire !
Pour nous dont les efforts n'ont pas eu la victoire,
Laissant ici les fers que nous voulions briser,
Nous sommes fatigués, nous allons reposer.

Adieu, brillant soleil de ma belle patrie ;
Adieu, triste tombeau d'une mère chérie...
Mais je vais la revoir... Et là... plus de tyrans,
Plus d'esclaves, de fer, de fouets toujours sanglants...
Esprits aériens, parez ma fiancée...
Que d'un vêtement blanc sa taille soit pressée ;
Qu'une couronne blanche orne ses longs cheveux,
Et remplissez les airs d'accords harmonieux :
Chantez le chant d'hymen... Bientôt ma main glacée
Ira presser ta main, ma belle fiancée...

(*Il se frappe.*)

Ah ! je suis libre !

ALMIRI.

Il a porté le coup fatal !

Je te suis...

EMPSAEL. calme et lui donnant le poignard qu'il retire de sa blessure.

Tiens, mon frère, il ne fait pas de mal.

Almiri se frappe, et tous deux tombent dans les bras l'un de l'autre.

Ainsi finissait l'œuvre, par un mot qu'un jeune sauvage traduisait du latin.

XVII

La création d'un Journal paraissant quelquefois.

Un matin, Calixte vint trouver Raoul et lui dit :

— Tu faisais des vers autrefois ; — en fais-tu toujours ?

Raol rougit à cette question. — On a autant de pudeur pour ses premiers vers que pour son premier amour. — Cependant il avoua qu'il écrivait, qu'il passait à écrire le temps que lui laissaient ses ennuyeuses occupations, — que c'était son but, son espoir, etc.

— Eh bien, dit Calixte, nous pourrons bientôt faire entrer dans le monde ces enfants de ton amour. — Je fonde un journal.

Raoul resta stupéfait; il n'aurait pas été plus étonné si Calixte lui eût dit : — Je fonde un empire, ou : J'invente une religion.

— Oui, ajouta Calixte, je fonde un journal, et ce matin même nous déjeûnons avec notre principal *actionnaire*, M. Leroux, protecteur d'une demoiselle Léocadie, artiste du Cirque-Olympique. Tu es invité, j'ai parlé de toi comme du plus distingué de nos jeunes poètes ; — tu formeras le fonds de la rédaction avec moi et Alexandre, tu sais ?

— Quel Alexandre ?

— Eh! le *flot* démissionnaire du Cirque-Olympique. Je viendrai te prendre à onze heures; — sois chez toi : — mets-toi un peu bien. Jusque-là je vais avec Alexandre travailler à donner à notre logis quelque peu de somptuosité, — parce que nous ne pourrons nous dispenser peut-être d'y conduire notre actionnaire. — Prête-moi cent sous.

Raoul donna cent sous et resta seul. — Les paroles de Calixte l'avaient grisé, — d'enivrantes vapeurs étaient montées à son cerveau. — Quoi! ses vers allaient être imprimés!... il avait envie de les brûler tous et d'en faire d'autres plus dignes de ce sort magnifique... Quoi! on l'avait cité comme le plus distingué des jeunes poètes de l'époque... Mais ces pensées vertigineuses se calmaient un peu quand il songeait qu'on avait dû également citer comme deux grands prosateurs et son ami Calixte et aussi

M. Alexandre, qu'il avait connu une des vagues les plus insignifiantes qui supportaient le radeau de la *Méduse*. Cependant il revenait toujours à cette pensée : ses vers seraient imprimés!... Marguerite et la tante Clémence les liraient! Il n'y avait qu'une chose qu'il n'avait jamais confiée à la tante Clémence, — c'était le secret de ses vers,— de ses vers chéris, qui pour lui n'étaient pas seulement des vers, — mais des œufs sortis de son cerveau, desquels devaient éclore la gloire, et la richesse, et tous les bonheurs.

Mandron vint le chercher avec M. Alexandre.

M. Alexandre dérangeait beaucoup les idées de Raoul ; — il était bien difficile de le faire entrer dans un rêve un peu poétique. Cependant il ne put prendre le courage de refuser la main que le guerrier du Cirque lui tendit familièrement.

— Tu as des gants, dit Mandron, ça se trouve bien ; c'est assez d'une paire pour nous trois.

— Comment cela ?

— Par un procédé ingénieux que je me flatte d'avoir inventé, je me place entre vous deux, les mains dans mes poches ; — je n'ai pas de gants, mais je ne montre pas de mains. — Je suis donc censé avoir des gants ; — vous passez chacun un bras dans un des miens, — Raoul la main droite, Alexandre la main gauche ; vous gantez ces deux mains exposées aux regards avec la paire de gants de Raoul ; chacun de vous met dans sa poche la main qui lui reste. — A nous trois, de cette manière, nous ne montrons que deux mains, et toutes deux parfaitement gantées ; — ce qui nous suffit pour conserver l'estime de nos concitoyens.

On arriva au café Vachette, — à l'angle du boulevard et du faubourg Montmartre, c'est là que l'actionnaire attend ses convives. — L'actionnaire est un homme petit et grêle, avec des cils et des cheveux blond pâle, — des yeux clignotants et fatigués par la lumière. Il est vêtu de noir, et laisse voir deux ou trois beaux diamants à ses doigts et à sa chemise. — Il est contraint et embarrassé. — Il est en conférence avec le garçon, et commande le déjeûner de l'air dont il commanderait un service funèbre. — On ne sait s'il s'agit d'un déjeûner de première classe, ou d'un convoi de quatre couverts, — ou d'un enterrement de garçon. Il parle à voix basse, d'un air demi-solennel, demi-inquiet. — Calixte fait les présentations. — On s'assied, — on mange et on boit. —

M. Leroux, l'actionnaire, — craint toujours qu'il n'y ait pas assez. — Peu à peu cependant sa timidité diminue, il laisse tomber quelques mots que Calixte fait ressortir avec emphase comme des aphorismes de bon sens et de rectitude. Enfin Calixte arrive au sujet de la réunion.

— Parlons de notre journal. Loin de moi la pensée vulgaire, dit Calixte Mandron, d'aller mendier l'appui dédaigneux des écrivains aussi usés que célèbres, qui trônent dans les grands journaux ; la feuille que nous créons veut plus de sève et de jeunesse.

— *Organe de la génération actuelle et de ses besoins,* elle ne faillira pas à sa *mission*. — J'ai voulu, pour l'*œuvre* que nous commençons, m'entourer d'hommes jeunes, d'hommes d'avenir, qui aient à se faire un nom et à conquérir leur réputation. — Je traiterai la partie politique si un cautionnement nous le permet, — sinon la partie morale. — Le jeune Raoul Desloges, dont l'étoile n'attend qu'un souffle bienfaisant qui la dégage des nuages de l'anonyme et du manuscrit pour briller au ciel de la poésie française, le jeune Desloges nous donnera des vers et aussi quelques romans pleins de larmes. — Pour M. Alexandre, homme initié à tous les mystères de théâtre, homme qui connaît la scène devant et derrière le rideau, depuis les cintres jusqu'au troisième dessous; — M. Alexandre nous fera enfin un feuilleton théâtral comme *l'art* en attend vainement ; sévère, mais impartial, disant la vérité aux directeurs, aux auteurs et aux artistes, *ramenant l'art à sa haute mission sociale*, et ne lui permettant aucun écart. Mais, de tout temps, — Apollon et Plutus ont renoncé à marcher de compagnie, — Apollon fut berger chez

Admète, — Homère fut aveugle et mendiant, — Gilbert est mort à l'hôpital.

Malgré que notre situation ne soit pas celle des grands hommes, nous avons examiné froidement notre position financière, et il nous est complètement impossible de mettre, pour le moment, en dehors la somme qu'un gouvernement ennemi des lumières, hostile à la presse, ombrageux devant toute indépendance, exige de ceux qui veulent apporter aux masses la nourriture de l'esprit. Nous avons rencontré monsieur Aristide Leroux, magistrat ou à peu près, — protecteur éclairé des beaux-arts, — qui gémissait comme nous de voir que de tant de journaux qui se publient à Paris, pas un ne répond aux véritables besoins de l'art. Nous avons alors conçu la pensée d'une société dans laquelle nous apporterions, nous, notre talent, notre expérience des hommes et des choses, notre incorruptible indépendance, et monsieur Aristide Leroux les quelques capitaux indispensables pour mettre en train une entreprise qui doit inévitablement les lui rendre au centuple. De telle sorte qu'il aura fait à la fois et une action honorable, dont la société entière lui saura gré, et une bonne affaire. J'ai par hasard sur moi le manuscrit du premier article d'art que notre honorable ami Alexandre destine au feuilleton du *Scorpion* (tel est l'heureux titre de notre publication); je vais vous le lire :

THÉATRE DU CIRQUE-OLYMPIQUE.

« Nous ne saurions déplorer avec trop d'amertume l'inconcevable incurie, ou plutôt l'extraordinaire partialité du directeur de cet établissement. Nous avons remarqué parmi les figurantes une jeune artiste d'une haute intelligence, d'une physionomie enchanteresse, d'un aplomb qui n'est que la conscience d'un talent hors ligne qu'elle n'attend que l'occasion de montrer. Cette charmante personne, qui s'appelle Léocadie, reste, par l'*impéritie* du directeur, confondue avec le vulgaire des figurantes, — tandis que les premiers rôles sont confiés... (Ici aura place un *éreintement* un peu soigné des principales actrices de l'endroit.) Certes ce n'est pas la seule preuve d'incapacité et de mauvais vouloir qu'ait donnée cette *déplorable* administration. — A force de les abreuver de dégoûts, elle a forcé à la retraite *des hommes* d'un talent éminent qui, s'ils avaient été mis à leur place, auraient fait la fortune d'un théâtre. — Tout va de mal en pis à ce malheureux théâtre. — A la dernière représentation du *Vengeur*, — on a sifflé la mer, dont les flots étaient flasques, mous et sans énergie. — On nous objectera peut-être que le théâtre gagne énormément d'argent... Méprisable raisonnement, argument frivole auquel nous devrions peut-être dédaigner de répondre, tant il nous serait facile de prouver que, par le temps qui court, chez les hommes et chez les choses, la prospérité matérielle est en proportion contraire de la valeur réelle et sérieuse des choses et des hommes, etc., etc., etc. »

— Que dites-vous de cet article, monsieur Leroux ?

— C'est très-bien... c'est très-bien... voilà ce que j'appelle de la justice ; — car cette pauvre Léocadie... vous ne sauriez croire combien on la rend malheureuse !

— Elle sera vengée, monsieur Leroux, elle sera vengée ! — je vous l'ai dit, notre mission est de protéger le talent contre l'intrigue et l'envie. — Je ne vous parle pas de notre ligne politique, cela dépend du cautionnement; mais en tous cas, indépendance et vérité, voilà notre devise et celle du *Scorpion*. — Garçon ! des cigares.

Le déjeuner se prolonge assez tard ; — on arrive à une remarquable intimité ; Mandron appelle monsieur Leroux Mécène et le tutoie.

On se sépare après avoir pris rendez-vous pour le lendemain chez monsieur Alexandre.

Calixte n'avoue pas la communauté du logement; il n'assigne pas, dit-il, le rendez-vous chez lui, parce qu'il n'y demeure pas lui-même depuis quelque temps. — Le ministère, auquel son indépendance fait ombrage, veut en finir avec lui, et il craint d'être arrêté. — Le logis d'Alexandre est un logis de savants, d'hommes de lettres peu soucieux des choses terrestres. — Mais qu'est-ce que cela fait pour parler d'affaires ! —

Calixte aurait cependant aimé à faire voir à un connaisseur comme monsieur Leroux ses meubles de bois sculpté et une remarquable collection d'armes antiques ; mais ce sera pour un autre moment. — A demain.

Raoul rentre chez lui un peu désenchanté de cette espèce de littérature de bas étage en général, mais très-heureux cependant de sa position particulière. — Il ne voit dans tout cela que ses vers imprimés. — Desloges a bu quelques verres de Champagne, ce qui ne lui était guère arrivé de sa vie. — Ces fumées, jointes à celles de la gloire, l'ont jeté dans un trouble étrange.

Il ne sait que faire du reste de la journée, il remet au lendemain à aller donner ses leçons ; il éprouve une sorte d'anéantissement. Cependant, quand vient l'heure d'aller chez monsieur Seeburg, il lui semble qu'il est sauvé ; il arrive même un peu avant l'heure et trouve Esther qui respire à une fenêtre entr'ouverte l'air frais d'une belle soirée.

— Oh! que j'aimerais, dit-elle, être à la campagne par ces beaux jours de l'été!

— Vraiment, dit Raoul, c'est bien obligeant pour moi. Quand vous serez à la campagne, je ne vous verrai plus.

— Oh! dit Esther, j'ai tellement... l'habitude... de vous voir tous les soirs, que je ne vous sépare jamais de moi dans mes idées. Quand je dis que je voudrais être à la campagne, — cela veut dire que je voudrais que la campagne fût autour de nous, — que ce tapis fût de l'herbe, — que ces murailles fussent des arbres, — qu'on entendît, au lieu du bruit des voitures, — une brise tiède dans les feuilles, le murmure d'un ruisseau, le vol crépitant d'un papillon de nuit, — et, de loin, de temps en temps, le croassement des grenouilles cachées sous les nénuphars. —

Dites-moi, monsieur Raoul, ne le voudriez-vous pas?

— Je n'ose rien désirer quand je suis auprès de vous, répondit Desloges, je craindrais d'être ingrat envers la Providence. — Mais, vous, êtes-vous certaine que vous supporteriez longtemps le séjour de la campagne et la solitude ?

— Oui, certes, si j'avais autour de moi tous ceux que j'aime.

Et Esther se mit à trembler si fort en disant ce mot, qu'il était impossible de ne pas entendre : *Oui, si vous étiez avec moi.* Raoul prit sa main et la pressa sur ses lèvres ; Esther laissa tomber sa jolie tête sur l'épaule du professeur. Ils oublièrent le monde entier.

On sonna ; la servante entra avec une lumière et dit qu'un « monsieur » demandait M. Desloges. — Raoul sortit de mauvaise hu-

meur, mais il ne revint pas. — Esther écouta
chaque bruit de la rue et de la maison. —
Elle attendait encore Raoul à une heure où
il eût été impossible qu'il se présentât. Le
lendemain matin elle reçut une lettre avec
ces mots :

« Mademoiselle, je serai de retour dans
dix jours, je vous dirai alors ce qui cause
mon brusque départ. Agréez, etc. »

L'étonnement d'Esther ne fut pas diminué
lorsqu'elle apprit que dès cinq heures du
matin, Raoul était sorti et rentré ensuite
avec un homme auquel il avait vendu ses
meubles, moins un matelas, une chaise et
une petite table ; — puis qu'il était sorti une
seconde fois — en costume de voyage, —
avec une blouse et un bâton. — La pauvre
fille chercha dans les souvenirs de ses lec-
tures un exemple d'une pareille conduite et

ne le trouva pas. — Elle demeura triste, honteuse et inquiète.

La première visite qui vint pour Raoul fut celle de Calixte Mandron. — Il venait lui demander des vers pour le premier numéro du *Scorpion*, qui allait paraître le surlendemain. On comptait également lui emprunter quelques pièces de cinq francs. — M. Leroux, l'actionnaire, — n'avait pas versé les fonds; — une feuille déjà établie et faisant le même commerce avait supplanté — la société Alexandre et Calixte Mandron; — moyennant trois abonnements à la feuille, on saturait d'éloges mademoiselle Léocadie. — La somme qu'avait demandée Mandron pour établir le *Scorpion*, cet *étrange organe de l'opinion publique*, — suffisait pour faire encenser mademoiselle Léocadie pendant vingt-cinq ans dans l'autre feuille.

Comme on ne trouva pas Raoul, on eut

recours à d'autres expédients, on vendit des annonces. — Un chapelier, — un coiffeur et un marchand de cirage, se laissèrent persuader d'avoir recours à *l'immense publicité* du *Scorpion,* moyennant quoi on fit imprimer un numéro du journal, — et cinq cents têtes de lettres, — portant en marge ces mots : — Le *Scorpion,* journal littéraire, artistique, économique, industriel, social, etc., etc., etc., et mille quittances d'abonnement. En tête du journal était un carré contenant ces mots :

UNE TRACASSERIE DE LA CENSURE NOUS OBLIGE A RETARDER L'APPARITION DE NOTRE VIGNETTE, DUE A UN ILLUSTRE BURIN.

Le journal était composé ainsi qu'il suit : Un discours aux abonnés où se trouvait à peu près ce que Mandron avait récité à monsieur Aristide Leroux le jour du déjeûner chez Vachette.

Un article économique de monsieur Mandron : — « Nous voulons, — disait-il, que la France soit prospère ; nos veilles, notre expérience, nos lumières seront consacrées à ce but ; nous flagellerons de notre plume satirique les hommes qui ne marcheraient pas dans cette voie, etc. »

Un article de M. Alexandre. — Il y était établi, comme dans celui qu'on avait lu à l'actionnaire transfuge, que l'*impéritie* et l'*incurie* du directeur du Cirque-Olympique mettaient la littérature et l'art en danger de périr. — On citait, comme dans le premier article, la *mollesse des flots*, — mais une modification avait été faite à cet article en ce qui regardait mademoiselle Léocadie : « Une des dernières figurantes, disait monsieur Alexandre, met tout en œuvre pour se faire remarquer ; — des toilettes indécentes, une effronterie sans égale, ne servent qu'à mettre en évidence la nullité de cette prétendue artiste. — Nous dirons à mademoiselle Léocadie, dans son intérêt, qu'il ne suffit pas d'avoir de l'aplomb, de crier fort, de se démener sans grâce, — et de faire minauder une figure vulgaire, pour se croire une actrice. — On assure que la direction, si aveugle et si partiale, a promis un rôle à cette demoiselle, qui ne manque pas de protecteurs. »

Un article *Modes*, où on disait que la *Fashion* ne se faisait plus coiffer, raser et cirer, que chez les trois industriels qui avaient fourni les fonds de ce numéro. — Il n'y avait plus que les laquais qui se faisaient habiller par monsieur Seeburg (qui avait refusé de continuer à habiller Calixte).

On avait *annoncé d'office* — les quelques bonbons infâmes qui, en faisant pour trente sous d'annonces pour se vendre trente-deux sous font encore un bénéfice exagéré, — et ne reculent devant aucuns frais de ce genre ; — en leur faisant une annonce qu'ils ne payaient pas, on espérait bien leur en faire payer plusieurs qu'on ne leur ferait pas. Mandron et Alexandre portèrent sur le soir un exemplaire du *Scorpion* à chacune des personnes qui y étaient désignées, — puis à chaque théâtre, en demandant les entrées pour M. Calixte Mandron, — et pour le rédacteur spécial, monsieur Alexandre, *homme de lettres*.

Plus, à tous les acteurs et à toutes les actrices dont on put savoir l'adresse ; le lendemain, on alla *savoir les réponses ;* on prit pour cela un portier pour le moment sans place, qui était chargé de présenter des quittances d'abonnement aux acteurs et aux actrices auxquels on avait porté le journal ; — beaucoup payèrent l'abonnement. — On ne saurait croire combien d'industries honteuses vivent aux dépens de la vanité si chatouilleuse de ces pauvres diables, — qui s'imposent parfois les plus dures privations pour payer jusqu'à quatre et cinq abonnements du même journal à telle feuille qui fait ce trafic.

Trois ou quatre directeurs de théâtre accordèrent les entrées, quelques autres alléguèrent l'usage établi de ne donner les entrées à un journal qu'après qu'il s'est montré viable et a paru au moins pendant un trimestre.

Le portier revint chargé d'argent, — on l'embrassa, — on dîna avec lui chez Rouget, dans un souterrain célèbre auprès du Palais-Royal, — on se tutoya au café, — et le portier fut promu à la dignité de *rédacteur* et ami jusqu'à la mort, pendant que Mandron faisait brûler le punch; il fut convenu néanmoins qu'il continuerait à cirer les bottes et à faire les *recouvrements*. Le Pactole continua à traverser la chambre de M. Alexandre, sur la porte de laquelle on fit écrire : *Cabinet de rédaction*, et une seconde chambre sur le même carré, que la rédaction du *Scorpion* avait maintenant le moyen de joindre au logis primitif, reçut l'inscription de *Bureau et Caisse*.

M. Francis, le portier en disponibilité, occupait un cabinet mansardé. — Nous les laisserons momentanément se livrer à cette vie somptueuse.

XVIII

Le « monsieur » qui avait demandé Raoul si mal à propos chez M. Seeburg n'était autre que Félix Hédouin. — Il avait reçu une let- lettre de son père déjà depuis quatre jours. — Chaque matin, il s'était mis en route pour venir faire à Raoul la proposition d'aller rejoindre son père, sa tante et sa sœur, dans un petit port de mer où ils prenaient des bains.

— Ecoute, dit-il à Desloges, ce que je te demande est absurde, — et cela par ma négligence ; tandis que si j'étais venu il y a trois jours, comme je voulais le faire, ç'aurait été une partie charmante. — Veux-tu venir à Yport avec moi et partir demain matin ?

— Ce soir, si tu veux, répondit Raoul.

— Tu es un homme unique ! Alors tu ne seras pas effrayé de partir à six heures du matin ?

— J'irai te prendre et te réveiller. Comment partons-nous ?

— Par une voiture qui va à Fécamp ; — de Fécamp à Yport, nous irons à pied. — La voiture part à sept heures du matin.

Resté seul, Raoul commença à voir des difficultés : — il fallait renoncer à ses leçons pendant dix jours au moins ; on le congédierait, et au retour il aurait perdu ses moyens d'existence. — Mais je dois lui rendre la justice de dire qu'il ne considéra pas cela comme un obstacle. — Il lui semblait que lorsqu'il aurait vu Marguerite, quand il aurait passé auprès d'elle une semaine, — il puiserait dans ses regards une telle force, — qu'il ferait tout ce qu'il voudrait au retour. — Ce qui l'inquiétait, c'est qu'il n'avait d'argent ni pour faire la route, ni pour séjourner, ni pour revenir. Il savait bien certainement qu'il partirait, qu'il arriverait, qu'il aurait l'argent nécessaire. — Il y a des choses que l'on veut tellement, qu'on sait qu'elles se feront ; — mais il ne savait pas du tout *comment* il aurait cet argent. — Il avisa d'éventrer franchement sa poule aux œufs d'or.

— Il écrivit le soir même à ses divers écoliers qu'obligé de s'absenter peut-être pour quelque temps, il ne pourrait avoir le plaisir de leur continuer ses soins, — et qu'il les priait de lui envoyer par son commissionnaire le prix des leçons données. Il était rouge de confusion en écrivant ce paragraphe, — mais il s'agissait de voir Marguerite. Il envoya le portier de la maison porter ces diverses lettres. — Quand le portier revint, Raoul avait le cœur serré. — En effet, les réponses n'étaient pas très favorables. L'un était en soirée, — un autre était couché, — un troisième répondit qu'il recevait et payait à la fin du mois, et que M. Raoul pourrait faire *toucher* à l'époque indiquée ; — un autre répondit que M. Raoul ne finissant pas son mois, il ne lui était rien dû ; — un seul envoyait quinze francs ! et Raoul en une heure avait perdu tous les écoliers qu'il avait eu tant de peine à trouver depuis un an.

Raoul paya généreusement le portier, et se trouva à la tête de dix francs. — Il alla chez un brocanteur et lui offrit de lui vendre ses meubles et ses livres ;—le brocanteur répondit qu'il ne pourrait venir voir les objets que le lendemain à sept heures. —Raoul alla chez un autre qui promit de venir à cinq heures ; — à quatre heures et demie, Raoul alla le réveiller. — Le marchand le vit si empressé qu'il lui donna le quart de la valeur des livres et des meubles : il lui aurait donné le demi-quart, que Raoul aurait aussi bien conclu le marché. — Mais une autre difficulté se présenta : le marchand demanda s'il ne trouverait aucun empêchement à enlever les meubles. — Il fallut avoir recours au portier, qui ne consentit à les laisser emporter que si M. Desloges déposait entre ses mains — *le terme courant et celui qui venait après ;* — c'est ce qui obligea Desloges à faire un nouveau marché et à vendre en surplus son bois de lit et un de ses deux matelas. — Quand l'affaire fut conclue, il avait trois cents francs ! Il était riche ! Il alla réveiller Félix, et ils montèrent tous deux en voiture.

Le lendemain matin ils arrivèrent à Fécamp. — Raoul voulait se mettre en chemin pour Yport sans attendre un instant, — mais Félix voulut déjeuner. — Raoul ne pouvait rester assis, — il se levait, il marchait. Enfin on se mit en route par un chemin qui longe la mer.

Marguerite était seule au bord de la mer avec la tante Clémence sur la petite jetée d'Yport. — Les pêcheurs appareillaient pour la pêche du maquereau. — Hommes, femmes, enfants, tout le monde s'occupait des barques.

— Félix et Raoul peuvent arriver aujourd'hui, si toutefois Raoul vient, dit la tante Clémence.

— Je sais qu'il viendra, répondit Marguerite.

— As-tu des nouvelles? Félix a-t-il écrit?

— Non, mais je sais qu'il viendra et qu'il arrivera juste à l'heure où il est possible d'arriver. Que je serai heureuse de contempler avec lui ce grand spectacle! d'écouter avec lui ces voix imposantes! — Depuis que nous sommes ici, je ferme mon cœur et mes sens à toutes les impressions, — il y a une foule de choses que je ne peux sentir qu'avec lui. — Cette pensée a sur moi une puissance incroyable, — je dirais presque que je n'ai pas *encore vu la mer*, du moins je ne la vois qu'avec les yeux, j'arrête par quelque agitation, par quelque autre pensée les rêveries que l'océan m'inspire. C'est pour cela qu'en ce moment je suis tournée du côté des barques et que j'écoute les paroles confuses des pêcheurs. — J'écouterai le vent et la mer, —

je regarderai l'horizon avec lui quand il sera là. — Tiens, ma tante, dit-elle en montrant deux hommes qui descendaient la grande rue, — le voilà ! — Eh bien ! mets ta main sur mon cœur, il ne bat pas plus que tout à l'heure, ou plutôt depuis ce matin il bat aussi fort qu'à présent, — tant j'étais sûre de lui, — tant je le sentais approcher de moi.

En effet, Félix et Raoul — arrivèrent sur la jetée. — Tous deux embrassèrent la tante Clémence. — Félix embrassa sa sœur, — les deux amants avaient échangé un regard dont tous deux avaient frissonné. — La bonne tante Clémence fit mille questions à Félix pour leur laisser le temps au moins de ne pas parler, puisqu'ils ne pouvaient causer librement ensemble.

On alla rejoindre monsieur Hédouin à l'auberge du père Huet. — La tante prit alors le bras de Raoul. — L'accueil de monsieur Hédouin fut plein de cordialité.

Je n'essaierai pas de vous raconter la semaine qui se passa à Yport. On ne manque jamais d'expression pour peindre la douleur, l'absence, la mort, la séparation, — mais la poésie ne sait peindre le bonheur qu'alors qu'il est perdu ou passé. — Chaque matin Marguerite, Raoul et la tante Clémence, levés avant tout le monde, s'allaient promener au bord de la mer jusqu'au déjeuner, où ils se réunissaient à Félix et à son père. — Jamais Raoul n'avait été autant de la famille. — Le soir, après le souper, — ils dormaient sous le même toit. — Le matin, au réveil, — Raoul avait toujours peur d'être le jouet d'un songe quand il pensait que Marguerite était là, près de lui, séparée seulement par quelques cloisons, — qu'il allait la voir dans quelques instants.

Un jour, au dîner, Félix raconta que Raoul avait, en nageant, été rejoindre une barque à une grande distance. Monsieur Hédouin et la tante Clémence blâmèrent fort l'imprudence de Raoul. — Marguerite dit seulement :

— Puisque monsieur Raoul le fait, c'est qu'il n'y a pas de danger.

Et son regard calme et modeste acheva sa pensée pour Raoul et pour la tante Clémence. — Elle était sûre que Raoul ne voulait pas mourir, — qu'il n'était pas assez sot pour mettre sa vie en jeu contre un petit triomphe de vanité.

Raoul, pendant ce temps, songeait quelquefois à Esther ; — je n'ose pas dire qu'il avait des remords, — c'est cependant le titre dont il ennoblissait pour lui-même les craintes et les embarras que lui donnait sa position. — Je n'ose même pas affirmer qu'il ne

pensa pas quelquefois que l'amour que lui
inspirait Marguerite était si différent de l'enivrement qu'il ressentait auprès d'Esther, —
que c'étaient deux sentiments qui ne se faisaient point de tort l'un à l'autre. — L'encens qu'il brûlait aux pieds d'Esther, pour
parler convenablement, lui paraissait si grossier que Marguerite ne l'aurait pas accepté.
— Il y avait dans Marguerite tant de candeur,
tant de majestueuse virginité, que l'imagination ne dérangeait jamais un pli des vêtements de l'idole ; ceux d'Esther, au contraire,
semblaient n'être arrangés que pour irriter
la pensée. Raoul croyait avoir donné une
plus grande preuve d'amour à Marguerite en
quittant, rien que pour la voir quelques
jours, une fille charmante et amoureuse à laquelle il n'avait même pas dit adieu, que s'il
était resté froid et insensible à la beauté de
mademoiselle Seeburg. — En un mot, il au-

rait trouvé fort déraisonnable que Marguerite ne lui pardonnât pas cette erreur ; — mais en même temps il se fût battu jusqu'à la mort avec celui qu'il aurait su en route pour venir raconter à Marguerite cette *distraction innocente.* Ce qui prouve que tous les raisonnements dudit Raoul, pour se justifier à ses propres yeux, ne valent absolument rien et sont des sophismes de casuiste. — Je tiens à constater le mépris que je fais d'une pareille argumentation.

Raoul eût resté toute sa vie à Yport avec Marguerite, — se contentant de la voir, — ou de la sentir s'appuyer doucement sur son bras. Mademoiselle Seeburg aurait été dans la même maison, il n'aurait pas quitté Marguerite un moment pour aller la voir, il n'aurait pas payé d'un doux regard de Marguerite un jour d'ivresse à passer auprès d'Esther. Mais quand Marguerite ne serait plus là, il ne voyait pas grand mal à prendre quelques instants sur ceux qu'il ne pouvait employer qu'à gémir de l'absence de mademoiselle Hédouin, et à chercher quelques consolations auprès de la fille du tailleur. — Cependant il avait un fonds d'honnêteté, — sans quoi je me serais bien gardé de raconter son histoire. — Il ne voulut pas tromper mademoiselle Seeburg. Il lui écrivit d'Yport une lettre dans laquelle il lui avouait son saint amour pour Marguerite. Il s'excusait de ne pas lui en avoir parlé plus tôt, — 1° sur ce qu'il n'avait pas la présomption de penser que mademoiselle Seeburg s'occupât de lui, — 2° sur les charmes de ladite demoiselle, qui ne lui avaient pas laissé le libre exercice de sa raison.

Je ne sais si Marguerite eût été parfaitement contente de cette lettre. Raoul voulait bien avertir mademoiselle Seeburg, mais il espérait qu'elle ne ferait pas usage de l'avis. Aussi ne disait-il pas à Esther qu'il préférait un cheveu de Marguerite à toute sa personne à elle, — qu'entendre seulement la voix de Marguerite était pour lui un bonheur plus grand que celui qu'il avait jamais senti auprès d'Esther. Il ne parlait que de *foi jurée,* — de *promesses saintes,* — d'une jeune fille chaste et d'une honnête famille qu'on ne pouvait trahir sans infamie ; — il lui laissait croire, sans cependant le dire tout-à-fait, qu'il se sacrifiait à la religion du serment, que sans ses serments il aurait été bien plus heureux de lui consacrer ses jours ; — il parlait bien de la candeur, de l'innocence de Marguerite, — mais nullement de sa charmante beauté, tandis qu'il se laissait emporter par le plus vif enthousiasme pour celle de sa rivale. En un mot, cette lettre, commencée avec l'intention honnête de ne pas tromper Esther, n'avait pour résultat que de continuer à la tromper, — sans remords. — C'était une vertu qui espérait bien trouver sa récompense dans le vice. Il terminait en disant qu'il attendait d'Esther quelques paroles généreuses, quelques mots de pardon, sans lesquels il n'oserait jamais se représenter devant elle.

Esther reçut la lettre et resta d'abord écrasée du coup, — quoique depuis le départ si extraordinaire de Raoul, — elle eût imaginé les choses les plus horribles pour l'expliquer. Mais bientôt, à force de relire la lettre, elle en conclut : — que Raoul l'aimait et la préférait à Marguerite ; que Marguerite n'avait pour elle que le devoir, des promesses sacrées et toutes sortes de belles choses qui ne resisteraient pas longtemps à la supériorité de ses charmes. De plus, quoiqu'elle eût l'imagination très-vive, Esther avait conservé une pureté de cœur dont les femmes ne se débarrassent pas facilement, même quand elles s'en trouvent importunées ; elle appartenait à Raoul, elle ne pouvait être qu'à lui, elle devait être à lui, être sa femme. Elle pensa qu'elle pouvait employer un peu de ruse pour y parvenir, et que les moyens qu'elle emploierait étaient justifiés d'avance par les droits qu'elle avait acquis, par la nécessité de sa position.

Elle répondit donc à Raoul une lettre dans laquelle, après avoir parlé de sa douleur, — après avoir reproché doucement à Raoul d'avoir abusé d'un sentiment qu'il ne pouvait partager, — elle finissait par se montrer victime résignée. — Désormais, Raoul serait son ami, son frère. Elle devait, pour elle, renoncer désormais au bonheur, mais elle serait heureuse de celui de Raoul.

— Revenez, mon ami, disait-elle, revenez

auprès de moi, — nous parlerons ensemble de l'heureuse, de la charmante Marguerite; — nous l'aimerons ensemble, et de tous les vœux qui seront faits pour votre bonheur, les miens ne seront pas les moins ardents.

Raoul se crut sauvé. — Esther lui pardonnerait, — elle serait son amie, — sa sœur, et s'il leur arrivait parfois, par malheur, d'entendre l'amour fraternel à la manière des Guèbres (ce dont l'idée le faisait frissonner), ce serait une simple amitié qui ne ferait pas le moindre tort à Marguerite.

Un matin, il ne trouva levée que la tante Clémence, qui lui dit :

— Donnez-moi le bras, nous irons nous promener seulement nous deux. Nous avons à causer. Ecoutez-moi, Raoul, dit-elle : sous certains rapports, vous jouez parfaitement votre rôle d'amoureux, — vous regardez Marguerite avec une admiration convenable;

— quand elle parle, on voit à la manière dont vous écoutez, qu'il vous semble entendre une musique céleste; je pense que vous avez fait à son intention deux ou trois mille vers, comme vous le deviez; — vous êtes à la fois ardent et respectueux, vous frémissez quand son bras s'appuie sur le vôtre, et cependant vous n'osez presser son bras. — Si, en regardant un livre ensemble, ses cheveux touchent les vôtres, vous pâlissez, comme si vous alliez mourir. — Tout cela est fort bien : — vous êtes amoureux de Marguerite; mais cela ne suffit pas. — L'aimez-vous? — Ne vous récriez pas!!... ce que je vous dis là va devenir plus clair : il n'y a rien de si facile que les grands dévoûments pour les imaginations poétiques; — mais les petites abnégations de tous les jours, voilà ce qu'il faut en ménage. — Que vous vous battiez comme un lion, que vous vous jetiez dans le feu ou dans l'eau pour sauver Marguerite, je n'en doute pas un instant; mais on se noie rarement, on n'est brûlé que de temps en temps, — tandis qu'on mange tous les jours et qu'on use chaque jour ses robes et ses gants. — Je ne vous demande pas si vous êtes prêt à mourir pour elle, je le sais; — mais je vous demande si vous êtes capable de travailler pour la faire vivre; — si vous offririez votre sang? — je le sais aussi, et je n'en doute pas; — mais lui donnerez-vous du pain, — et des chapeaux?

Ces grands et héroïques dévoûment, sous prétexte desquels tant de gens se dispensent de la bonté quotidienne et du pain de tous les jours, — me rappellent un homme que je connais, — qui offre toujours de changer un billet de banque ou au moins un louis d'or, chaque fois qu'il a à payer le sou de passage d'un pont ou un cigare, de sorte que les amis qui l'accompagnent s'empressent de payer pour lui ; et il garde son louis d'or ou son billet de banque, — qui peuvent être faux tous les deux si bon lui semble. Arrivons au but, — dussiez-vous me classer dans les tantes radoteuses et insupportables : que faites-vous ? où en êtes-vous ? — que gagnez-vous d'argent. — Voici le gros mot lâché.

Ici, — Raoul confia à la tante qu'il avait fait une tragédie, — avec toutes les précautions hypocrites d'usage en pareil cas. Sans prétendre au premier rang, il aspirait à une place plus estimable dans la *république des lettres;* — il cita bon nombre de littérateurs du second ordre qui avaient gagné beaucoup d'argent avec des pièces de théâtre, — puis s'animant par degrés, il dit qu'il se sentait poète, — qu'il n'était bon qu'à faire des vers, et qu'il ne ferait jamais autre chose ; — mais son enthousiasme fut bientôt glacé par l'air de naïf et de triste étonnement que peignait le visage de la tante Clémence.

— Mon ami, dit-elle du ton de douce condescendance dont on parle à un malade, c'est une belle existence que celle d'un poète, — mais c'est une existence qu'il n'a le droit de faire partager à personne. Ses veilles, ses privations, ses anxiétés, tout cela se répare par un succès, — peut-être même sans un succès, par la volupté du travail ; — mais il faut faire comme Pétrarque, qui, pouvant épouser Laure, préféra rester son amant malheureux.

— Mais, chère tante, dit Raoul, lisez ma tragédie.

— Mon cher Raoul, — voici le moment de montrer à Marguerite un de ces dévouements... en prose, les seuls qui soient réellement grands et difficiles : consacrez vos talents et votre intelligence à des occupations vulgaires, — ne confiez pas les besoins de ma Marguerite aux hasards de l'inspiration poétique, — ne vous préparez pas l'horrible douleur de faire de la poésie le plus vil métier en travaillant seulement pour de l'argent, — demandez-lui seulement les enivrantes jouissances du travail, — et la gloire, — si vous la croyez utile à votre bonheur. — Vous le ferez, vous suivrez mes conseils si vous n'êtes qu'un de ces mille poètes, — que l'amour, l'absence, la jalousie ou l'indignation ont fait poètes par hasard. — Mais, si vous êtes un vrai poète, — si votre génie vous entraîne malgré vous, nous sommes tous trois bien malheureux ! — Mon frère ne vous donnera sa fille que si vous avez « *un état* » au défaut de fortune, et il n'acceptera jamais la poésie comme un état.

A ce moment, M. Hédouin, Marguerite et

Félix, venaient rejoindre la tante Clémence et Raoul. Raoul ne répondit rien à la tante, mais il se rappela, à l'avantage d'Esther, qu'elle avait trouvé ses vers, — charmants, — et qu'elle l'avait encouragé dans ses travaux. — Pour la première fois, il pensa à Esther en présence de Marguerite.

On fit une promenade en canot. — Raoul, comme s'il eût parlé en général, — comme la conversation roulait sur les accidents de la mer, parla avec enthousiasme du bonheur d'exposer sa vie pour sauver celle d'une femme aimée. — La tante Clémence répondit :

— Pour moi, j'admire davantage le dévouement de l'homme qui conduit notre bateau et qui tous les jours fait un métier fatigant, — par le soleil ardent ou par la froide pluie, — pour nourrir sa femme et ses petits. — Raoul ! Raoul ! dit-elle à demi voix,

— vous demandez la monnaie de 500 francs à un pauvre qui vous demande un sou.

Raoul évita de se trouver seul avec la tante Clémence. — Il se disait à lui-même :

— J'ai fait une sottise. — On ne croit pas que les gens qu'on voit tous les jours aient du talent ; — il faut que ce talent soit consacré au dehors pour qu'il soit accepté et reconnu dans la famille. — Les parents et les amis d'un poète sont les derniers à l'applaudir. — Quand ma tragédie sera jouée, — quand j'aurai été applaudi, quand j'aurai le front ceint du laurier poétique, — seulement alors je reviendrai dire : Je suis poète ! Les poètes sont comme les belles. — Il ne faut pas qu'on voie leurs efforts pour se jucher sur le dos de Pégase, — de même qu'on n'est pas amoureux d'une femme qu'on a vu apprendre à marcher et à danser, — ou dont on a subi les rudes apprentissages sur le piano.

C'est la veille du départ de Félix et de Raoul; — on fait les adieux le soir, parce que les deux jeunes gens, qui doivent retourner à Fécamp, quitteront Yport à la naissance du jour. — Raoul est mécontent, — il pense que sa position va être plus que difficile en rentrant à Paris, il n'a plus de meubles, plus d'argent, plus de leçons. — Il a tout sacrifié pour voir Marguerite pendant quelques jours, et ce sacrifice est ignoré. Et d'ailleurs il serait méprisé par la tante Clémence. — Il a passé tant de nuits à faire sa tragédie pour être riche et glorieux, — afin d'être digne de Marguerite, et la tante Clémence n'a même pas daigné la lire!

Mais comme tout fut oublié, lorsque le matin, au moment de quitter l'auberge du père Huet — sans voir Marguerite, — lorsque le cœur serré, il prolongeait les quelques instants qui précèdent le départ sous mille prétextes futiles, — il vit sortir de leurs chambres Marguerite et sa tante, qui s'étaient levées — pour les accompagner jusqu'au haut de la côte, et voir avec eux le soleil se lever sur la mer. La tante s'empara encore du bras de Félix. — Raoul offrit le sien à Marguerite.

XIX

Raoul prit tout à fait au sérieux le dévouement d'Esther. — Aussi, quand il la revit, il lui baisa les mains avec une tendresse infinie, — et l'accabla de remercîments et de témoignages d'admiration. — Esther se fit raconter jusque dans ses moindres détails tout le roman de mademoiselle Hédouin ; — elle voulut lire les lettres de la tante Clémence ; elle dit avec effusion qu'elle aimait passionnément Marguerite, — et que tout son bonheur serait de la voir heureuse avec Raoul.

Celui-ci cependant n'était pas trop content de la tante et de la manière dont elle avait reçu la confidence de sa tragédie ; il préférait de beaucoup les éloges et l'enthousiasme d'Esther, qui ne trouvait rien d'aussi beau que sa poésie, et flattait à la fois et son orgueil et sa haine contre toute occupation régulière. Aussi, quand la tante Clémence revint à Paris avec son frère et sa nièce, il lui montra beaucoup moins de confiance et d'abandon. Il voyait fort rarement Marguerite, mais son sort ne lui causait pas d'impatience. — Il arrivait parfois que les deux amis, Esther et Raoul, — à force de se parler d'amour, de se presser les mains, redevenaient pour quelques instants amants presque sans le faire exprès.

Calixte venait de temps à autre voir son ancien camarade. L'étrange publication qu'il avait à peu près fondée continuait sa carrière. — Quand vint le mois de janvier, on fit imprimer des nouvelles têtes de lettres sur lesquelles on mit en caractères convenablement visibles — Le *Scorpion, deuxième année.* Ces têtes de lettres servaient à écrire aux directeurs de théâtres, auxquels on extorquait des billets que l'on revendait au quart de leur valeur; à *demander* des abonnements aux acteurs débutants et aux actrices nouvelles; à *offrir* l'appui du *Scorpion* aux entrepreneurs des industries honteuses qui se faisaient jour à la quatrième page des journaux. Le *Scorpion* néanmoins — continuait à ne pas paraître avec une parfaite régularité. Les foudres d'un dieu aussi obstinément invisible commencèrent bientôt à ne plus effrayer beaucoup les gens. Quelques directeurs de théâtres prirent le parti de faire répondre à toutes les demandes de billets qu'ils étaient *à la campagne*. Quelques acteurs négligèrent de renouveler leur abonnement. La mauvaise fortune vint mettre la discorde entre les fondateurs de la feuille. Chacun accusa l'autre d'avoir fatigué les directeurs de théâtres par des demandes trop multipliées, et diminué le respect que les acteurs portaient au *Scorpion* par un défaut de tenue et une trop grande familiarité, et surtout par des traits d'indélicatesse envers la société.

— En effet Alexandre avait quelquefois reçu et bu le prix d'un abonnement, — dont Calixte, auquel il n'avait pas fait part de l'aubaine, faisait réclamer le montant à la même personne. Enfin, un jour, après une altercation plus vive que de coutume, — Calixte annonça qu'il refuserait désormais le secours de sa plume au *Scorpion*. Monsieur

Alexandre demeura seul propriétaire. Pour Calixte, il trouva moyen de faire mettre dans un journal honorable auquel il manquait deux lignes ce jour-là : « Monsieur le comte Mandron, homme de lettres, nous prie d'annoncer qu'il ne fait plus partie de la rédaction du journal le *Scorpion*. » Ce journal devint pour lui un précieux diplôme. — Il en avait toujours au moins un exemplaire dans sa poche, et savait le perdre ou le laisser tomber au besoin. La lecture de cette note relevait singulièrement Calixte dans l'opinion de beaucoup de gens, — car il en ressortait 1° que Calixte était homme de lettres reconnu : — 2° qu'il avait *abandonné* un journal, c'est-à-dire que c'était un écrivain indépendant et d'une telle importance, que ses moindres démarches étaient consignées dans les journaux pour répondre à l'intérêt que lui portaient les contemporains, — et pour fournir des matériaux à l'histoire.

Pour François, l'ancien portier, depuis qu'il avait été élevé à la dignité de rédacteur du *Scorpion* et d'ami par Calixte et par monsieur Alexandre, il avait dédaigné tout emploi manuel. Il demeurait tantôt avec monsieur Alexandre, tantôt avec Calixte, abandonnant le premier lorsqu'on refusait trop obstinément les abonnements et les billets de théâtres au *Scorpion*; — venant alors trouver Calixte pour voir s'il était plus heureux, — et dans ce cas passant quelque temps avec lui, le tutoyant, faisant ses commissions et nettoyant ses bottes et ses habits, à titre d'ami obligeant. Mais si la mauvaise fortune revenait s'installer chez Mandron, il retournait à monsieur Alexandre, — avec lequel il disait tout le mal possible de Calixte, comme avec celui-ci il avait vilipendé l'ancien *flot démissionnaire* du Cirque-Olympique. Chacun cependant, malgré ses infidélités périodiques, le voyait revenir avec satisfaction et le recevait de son mieux. En effet, François était un homme précieux pour trouver un directeur de théâtre, pour forcer la consigne chez un artiste, — en un mot, pour se rendre tellement insupportable, pour convaincre si bien les gens qu'ils n'avaient aucun autre moyen de se débarrasser de lui, qu'on finissait le plus souvent par lui donner, ou le prix de l'abonnement au *Scorpion*, ou le billet de première galerie qu'il demandait pour monsieur Alexandre. Pour le service de monsieur Calixte, il allait chez les libraires demander *deux exemplaires* d'un ouvrage qui venait de paraître, — monsieur Calixte se proposait d'en rendre compte dans un journal répandu. A ce sujet, ledit Calixte, si on s'étonnait de ne point voir d'articles signés de son nom, avait imaginé une réponse victorieuse. — Il ne signait point ses articles de son nom de Calixte Mandron, à cause de sa famille, qui ne voyait pas sans chagrin qu'il s'adonnât à la littérature ; mais il se déguisait sous divers pseudonymes ou lettres initiales. — En conséquence, il s'attribuait tous les articles non signés qui lui paraissaient bons, — et les articles que feu Bequet signait R. au *Journal des Débats*, — ceux que Rolle signait X. au *National*, — ceux que Merle signait J. M. T. à la *Quotidienne*. Enfin, tous ceux dont l'auteur était désigné par une étoile, deux étoiles ou trois étoiles, lui revenaient de droit.

Mais il arrivait parfois que l'article promis en échange des deux exemplaires que l'on revendait le soir même sans les avoir lus, et qui fournissaient à dîner à Calixte et à François, n'était nullement conforme aux promesses faites par ledit François au nom dudit Calixte. L'ouvrage que l'on devait porter aux nues — était fort maltraité par les véritables maîtres des initiales. — Ces accidents, qui n'étaient pas rares, diminuaient singulièrement la clientèle de ces messieurs.

Pour mademoiselle Léocadie, elle avait fort engraissé et s'était fait épouser par monsieur Aristide Leroux, — le quasi actionnaire, — et l'abonné malgré lui du *Scorpion*.

Nous avons voulu vous dire la situation de ces personnages avant de cesser pour quelque temps de nous occuper d'eux.

La situation de Raoul devint fort embarrassante. — Le père Seeburg eut quelques soupçons de ce qui se passait entre sa fille et le jeune Desloges, ou en fut charitablement averti, — et il pria Raoul de discontinuer ses leçons ou de se présenter comme candidat à la main d'Esther. Raoul, engagé avec Marguerite, refusa net. Il y eut à ce sujet entre eux quelques mots échangés qui ne manquaient pas d'une certaine aigreur. Aussi, le lendemain de l'explication, monsieur Seeburg fit réclamer par un huissier le *montant* de la lettre de change par *toutes les voies de droit et même par corps.* » Cette menace de la prison « au nom du roi, de la loi et de la justice » faillit lui faire perdre la tête. Il regarda en avant et ne vit qu'un chemin sans but. Jamais, certes, il ne pourrait se faire *cette position honorable* qu'exigeait avec tant de raison monsieur Hédouin pour lui donner sa fille. Ses affaires étaient en bien plus mauvais état qu'à l'époque où il était parti si résolument à la conquête du monde entier, — où rien ne lui semblait impossible si Marguerite devait en être le prix. Il évitait la tante Clémence ou lui faisait des mensonges, car elle voulait savoir dans ses moindres détails ses progrès et ses efforts. — Deux copies de sa tragédie étaient, il est vrai, l'une entre les mains du directeur du Théâtre-Français, — l'autre chez monsieur de Pongerville l'académicien. Le directeur du Théâtre-Français n'avait pas répondu à l'envoi de la pièce, et monsieur de Pongerville avait répondu qu'elle était fort belle, comme il eût dit de toute autre.

Raoul découragé écrivit à Marguerite. « Décidément le sort se déclare contre moi, disait-il, le courant m'entraîne, et, malgré mes efforts, je suis moins avancé aujourd'hui que le premier jour. Je refuse, Marguerite, de vous faire passer votre jeunesse dans la tristesse et dans l'attente ; ce ne serait pas un bonheur pour moi que de vous enchaîner à ma triste destinée ; — je vous rends vos promesses, — soyez libre, — soyez l'heureuse épouse d'un autre, acceptez tout

le bonheur que la vie promet à votre beauté,
Ma résolution est inébranlable. Adieu ! »

Certes, Raoul souffrit beaucoup en écrivant cette lettre, et il eut besoin deux ou trois fois d'essuyer de grosses larmes qui venaient lui troubler la vue ; mais cependant, il était moins effrayé de ce beau et gros sacrifice fait une fois pour toutes, — que des efforts de tous les instants qu'il lui eût fallu pour le rapprocher de Marguerite par le travail et la pertinacité. S'il ne se fût agi que de combattre en champ-clos un rival redoutable pour obtenir la main de mademoiselle Hédouin, Raoul se fût présenté fièrement au combat ; — mais d'autres ennemis lui faisaient peur : c'était le travail quotidien, c'était l'insuffisance d'une éducation toute littéraire, qui ne le rendait propre à rien qu'à faire des tragédies ; — d'ailleurs, il faut le dire, une pensée sans noblesse se glissait dans son cœur à son insu : Esther était aussi belle que Marguerite, — et s'il l'épousait, il se trouvait tout à la fois débarrassé des inquiétudes que lui causaient les poursuites du père Seeburg, et dans une position d'aisance qu'il ne croyait pas pouvoir atteindre par le travail de toute sa vie. — De plus, l'amour d'Esther était humble et soumis ; elle reconnaissait à Raoul une grande supériorité sur elle ; — Marguerite, au contraire, avait à son insu l'air de le protéger ; la tante Clémence lui avait fait pressentir qu'elle trouverait mauvais les vers pour lesquels Esther avait une si grande admiration. — Il fallait parvenir à Marguerite. — Il élevait au contraire Esther jusqu'à lui. — Il colorait à ses propres yeux ces calculs peu poétiques d'une apparence d'abnégation ; — il n'était pas juste qu'il gardât Marguerite attachée à son sort. Marguerite eut à peine lu cette lettre qu'elle la jeta au feu, prit la plume et commença à répondre : « Les raisons, disait-elle à Raoul, que vous me donnez pour que je renonce à vous sont, au contraire, excellentes pour que je vous entoure d'une tendresse plus sainte. — Vous êtes malheureux, le sort se déclare contre vous. Je sens une sorte de bonheur à vous rester seule fidèle, et vous ne pouvez pas plus me rendre mes promesses que je ne puis les reprendre. Croyez-vous que jamais j'appartiendrais à un autre après vous avoir dit que je vous aime, — après vous avoir donné mon âme tout entière. Ce serait, à mes yeux, me souiller doublement et commettre un double adultère; ne vous laissez pas ainsi abattre et décourager; il ne dépend ni de vous, ni de moi, ni du sort, de séparer nos deux existences. — Je ne sais réellement si j'aurais le droit de me plaindre de quelque malheur qui m'arrivât; n'ai-je pas dans la vie une belle part de bonheur assurée? — Je suis aimée de vous, et vous cesseriez de m'aimer même, qu'il y a dans la tendresse que j'ai pour vous tant de douceurs secrètes et de joies ineffables, que je craindrais encore de me montrer ingrate si je laissais échapper la moindre plainte. — Du courage, Raoul, travaillez. »

RAOUL A MARGUERITE.

« Travaillez! mais on ne veut pas me donner d'ouvrage. — Tenez, Marguerite, je vais vous dire toute la vérité. — Mais pensez que jamais je ne serai le mari de la femme à laquelle je me serai fait voir dans une situation aussi humiliante.

« Travaillez! — Mais que sais-je faire? Je donne des leçons de latin, de grec, de français. — Je vends à la génération qui me suit les ennuis qu'on m'a vendus au collège. —

mais si vous saviez combien il y a de pauvres diables comme moi qu'une coûteuse éducation a amenés au même but! — Nous nous disputons les leçons et les morceaux de pain. — J'en ai perdu une hier. — Il m'en reste deux. — Chacun des deux élèves me donne trente francs par mois, — vingt sous par leçon; ce qu'on donne à un commissionnaire pour une course, — et le commissionnaire peut avoir une veste, une casquette et de gros souliers. — Moi, il faut que je sois bien vêtu, — si bien que pour le paiement des habits que j'ai usés depuis deux ans, — je vais probablement être mis en prison d'un moment à l'autre. — Peut-être les recors vont-ils venir me chercher pendant que je vous écris et ne me laisseront-ils pas finir ma lettre.

« J'avais cru que, soutenu de votre amour, j'aurais su me faire une belle place dans la société. Je sentais en moi cette ardeur des héros qui se rendaient dignes de la dame de leurs pensées par des dangers bravés, des obstacles vaincus ; — mais préparé à combattre des géants et des dragons, je n'ai trouvé que des moucherons incommodes, des insectes venimeux, — qui m'ont harcelé, fatigué, découragé. — Mon impuissance m'est un supplice, surtout parce que vous en êtes victime comme moi ; surtout parce que vous êtes sans cesse devant mes yeux comme un but désiré que je ne saurais atteindre. — Laissez-moi seul ; — je n'aurai plus alors cette soif ardente de m'élever, — je n'aurai plus qu'à subvenir aux besoins matériels de ma vie ; — je serai une sorte d'ouvrier vivant de mon état, — jusqu'au moment où mon état et la vie m'ennuieront, si bien que je quitterai l'un et l'autre d'un seul coup. Au nom du ciel, — ne me répondez pas ! ne me montrez pas plus noble et plus charmant encore ce but auquel il me faut renoncer ; songez que c'est un supplice horrible que vous ajoutez à mes souffrances. »

XX

A ce moment, la servante avertit mademoiselle Hédouin qu'une jeune dame désirait lui parler. Elle n'était pas connue de mademoiselle Hédouin, mais l'entretien qu'elle lui demandait était d'une telle importance qu'elle ne craignait pas d'insister pour l'obtenir. L'étrangère fut introduite auprès de Marguerite. — Toutes deux, en se voyant, manifestèrent une vive surprise :

— Eh quoi! c'est vous, Esther! s'écria mademoiselle Hédouin.

Marguerite! dit avec un profond étonnement mademoiselle Seeburg.

— Ne saviez-vous pas, demanda Marguerite, que c'était moi que vous veniez voir?

— Nullement, ma chère Marguerite; j'avais besoin de trouver dans mademoiselle Hédouin une âme généreuse et compatissante, je suis bien rassurée en reconnaissant la plus noble et la plus douce de mes amies de pension.

— Eh quoi! dit Marguerite, seriez-vous tombée dans l'infortune?

— Non pas comme tu l'entends, reprit Esther; je suis riche, au contraire; mais si tu ne viens pas à mon secours, je suis la plus malheureuse des filles, et si l'appui que j'ai pensé trouver dans ta générosité me trompe, je n'aurai plus de ressources que dans les conseils de mon désespoir.

— Parle, Esther, et je remercie d'avance le ciel, s'il est vrai que je puisse te sauver.

— Eh bien !... Marguerite... dit Esther en rougissant,—j'ai... comment te dire cela ?... Un jeune homme... qui vient à la maison depuis longtemps... il est beau, spirituel... je l'aime... je l'aime de telle sorte que j'ai oublié pour lui les devoirs les plus sacrés ; et aujourd'hui... Esther alors balbutia quelques mots à peine intelligibles.

— Et pourquoi ne t'épouse-t-il pas, malheureuse fille, pourquoi ne sanctifie-t-il pas ces deux titres déjà sacrés d'amante et de mère?...

— Hélas! dit mademoiselle Seeburg, — c'est que sa volonté n'est pas libre... une passion de jeunesse... un premier choix, des promesses, des serments faits d'abord à une autre.. celui que j'aime est déjà engagé.

— C'est bien assez, je pense, dit Marguerite, d'avoir trahi une femme sans en tromper indignement, sans en abandonner lâchement une seconde. D'ailleurs, quelle est la femme qui osera réclamer un cœur dont on a disposé pour une autre?

— Ecoute, Marguerite, dit Esther, je ne dois pas plus longtemps prolonger tes doutes, et te laisser développer en général des sentiments d'une élévation que l'on ne tarde pas à trouver un peu exagérés dès l'instant qu'il s'agit de ses propres intérêts. — L'homme que j'aime, c'est ton amant à toi, c'est Raoul!

Marguerite devint pâle et fut quelque temps sans pouvoir parler, mais bientôt elle reprit avec calme :

— Esther, les devoirs de monsieur Desloges envers vous sont plus sacrés que ceux qu'il avait contractés à mon égard. — Monsieur Desloges vous épousera. C'est en vous aimant qu'il a trahi ses serments, c'est en vous épousant qu'il réparera votre faute à tous deux. Ce n'est pas par une infamie qu'il se ferait pardonner une infidélité. J'aurais voulu qu'il me fît lui-même l'aveu du changement de ses sentiments. — Ce que vous me dites m'explique deux lettres étranges que j'ai reçues de lui. Il eût mieux valu qu'il m'eût dit la vérité... mais... Esther, je vous le jure, par la mémoire de ma mère, jamais je ne serai la femme de monsieur Raoul.

Esther se jeta dans les bras de Marguerite.

— Ah! Marguerite, s'écria-t-elle, — tu me sauves l'honneur et la vie, — mais le ciel te récompensera. Jolie et charmante comme tu es, tu n'auras qu'à choisir l'homme dont tu daigneras faire le bonheur.

Marguerite fit signe à mademoiselle Seeburg de ne pas continuer, et elle dit :

— Non... je renonce à Raoul... mais je ne donnerai jamais ma main à un autre. — Un autre ! eh ! grand Dieu ! qu'aurais-je à lui donner ! Je renonce à Raoul, mais je ne renonce pas à mon amour. Je me ferai un bonheur encore du bonheur même que lui donnera une autre femme. Dieu fera le reste et me soutiendra dans les moments de faiblesse et d'amertume. Tenez, Esther, ajouta-t-elle, — attendez quelques instants. — Je vais vous donner pour monsieur Desloges une lettre qui lui rendra cette liberté qu'il a su si bien reprendre.

Et Marguerite ne tarda pas à revenir avec une lettre qu'elle remit à mademoiselle Seeburg.

« Raoul, disait Marguerite, un hasard m'a tout appris. Vous avez contracté des devoirs qu'il faut remplir. J'ai renoncé à mes plus doux rêves, mais je ne saurais où prendre de la force s'il me fallait ne plus vous estimer. Avoir cessé de m'aimer n'est un tort que vis-à-vis de moi-même, — mais abandonner mademoiselle Seeburg, dans la situation où l'ont mise son amour et le vôtre, ce serait une lâcheté et une infamie. Si je dois renoncer à ma tendresse dans l'avenir, il faut que je puisse la garder dans le passé. — Il ne faut pas que j'aie aimé un malhonnête homme. — Ne me répondez pas, — je me suis fait le serment de ne pas ouvrir une lettre qui viendrait de vous. Plus tard, quand mademoiselle Seeburg sera votre femme... je ne sais ce que je ferai : — Je consulterai les forces que Dieu m'aura données. — Malgré le trouble dans lequel je suis en ce moment, je ne puis penser que cette tendresse si douce que j'ai pour vous puisse se changer en une telle amertume que ce soit jamais pour moi une souffrance de vous voir heureux. Ma résolution est immuable. En ne faisant pas ce que je vous demande, vous cesseriez d'être un honnête homme, sans vous rapprocher de moi pour cela, — et moi, vous m'enlèveriez mes chers souvenirs, — que je vous prie en grâce de respecter. »

XXI

Court sommaire des évènements qui survinrent pendant un espace de trois années.

Raoul épousa mademoiselle Esther Seeburg. Esther n'était point mère, ainsi qu'elle l'avait fait croire à Raoul et à mademoiselle Hédouin. Le père Seeburg ne donna pour dot à sa fille qu'une pension annuelle, mais suffisante pour que le nouveau ménage pût vivre dans l'aisance.

Marguerite continua son rôle héroïque.—

Si une tristesse profonde qu'elle ne s'avouait pas à elle-même amaigrissait ses joues et lui donnait une pâleur inquiétante, elle ne laissait cependant pas échapper le moindre murmure, et ne regrettait en rien ce qu'elle avait fait.

Sur ces entrefaites, monsieur Hédouin mourut; Félix alla à Alger; Marguerite Hédouin se mit alors à vivre tout à fait avec la tante Clémence, qui avait de son côté de grands chagrins. Son fils avait déserté en emportant la caisse du régiment. — Une condamnation par contumace n'avait atteint que son honneur. Elle savait qu'il était à Paris; de temps en temps il venait, à la chute du jour, lui demander de l'argent. Chaque matin elle se réveillait en se disant :

— C'est sans doute aujourd'hui que mon fils sera arrêté.

Ces deux pauvres femmes n'avaient dans

la vie d'autre bonheur que de mêler leurs chagrins et de souffrir ensemble.

C'est de très-bonne foi que Marguerite apprit avec tristesse que Raoul et Esther n'avaient pas continué longtemps à vivre en bonne intelligence. Raoul, qui avait été blessé du mensonge employé par Esther pour le décider à l'épouser, ne tarda pas à s'apercevoir que l'amour d'Esther, feu follet de l'imagination, s'éteignait rapidement dans la prose du ménage : elle était coquette et légère. Quelques observations de Raoul furent mal reçues et surtout mal écoutées. — Il devint sombre et taciturne ; il chercha à revoir Marguerite, qui l'accueillit comme un frère, — lui donna les conseils qu'elle crut les meilleurs pour ramener la paix dans sa maison.

— La tante Clémence, respectant l'innocent bonheur que Marguerite goûtait à revoir et à consoler celui qu'elle avait tant aimé, n'osa pas lui dire que tout cela était encore de l'amour. Esther fut irritée d'apprendre que son mari allait chez Marguerite, et elle ne supposa pas un moment chez celle-ci des sentiments purs, nobles et désintéressés, qu'elle ne trouvait pas dans son cœur; elle fit à Raoul de véhéments reproches auxquels celui-ci répondit avec dédain. De ce moment, Esther se crut tout permis. En vain Raoul lui défendit de recevoir un homme dont les assiduités l'avaient déjà fort compromise : elle ne tint aucun compte de cette défense.

Raoul, poussé à bout, saisit un prétexte pour insulter celui qu'il croyait l'amant de sa femme : ils se battirent. — Raoul, qui n'avait de sa vie été fort qu'en thème, blessa son adversaire, il est vrai, mais en échange d'une égratignure, il reçut une blessure très-grave. Le soir même du duel, Esther leva le masque et prit la fuite avec son amant, emportant ses diamants, l'argenterie et tout ce qui avait quelque valeur dans la maison. Raoul n'y rentra pas et se fit porter dans une mauvaise chambre près de l'endroit où le duel avait eu lieu. Quand il apprit la fuite de sa femme, il fit demander monsieur Seeburg. — Celui-ci vint et rejeta sur son gendre tous les torts. Raoul lui donna les clefs de la maison qu'il avait habitée avec sa fille, n'y fit prendre que les effets personnellement à son usage, et lui abandonna le reste, — ce que monsieur Seeburg accepta, — ainsi qu'une autorisation par écrit de payer désormais à sa fille la pension qui, légalement, devait être versée entre les mains du mari comme chef de la communauté. Tous deux se témoignèrent alors le plaisir qu'ils auraient à ne jamais se revoir. Raoul resta dans l'auberge avec quelques louis pour toute fortune, — et tomba si dangereusement malade que le médecin qui n'en espéra pas grand'chose conseilla à l'hôte d'en prévenir le maire du village. — Celui-ci chercha des parents ou des amis à Raoul. — Marguerite alors, qui avait appris par la rumeur publique ce qui était arrivé, sut où Raoul était retiré; elle alla soigner le pauvre mourant. — A ce moment, tout lui manqua, jusqu'à l'appui de la tante Clémence. Le fils de celle-ci s'était fait prendre à Châlons-sur-Saône. Il attendait en prison qu'un nouveau jugement décidât s'il irait aux galères ou s'il serait fusillé. Sa malheureuse mère alla s'installer à côté de la prison, où elle passait tout le temps qu'elle n'employait pas à voir, à solliciter les juges.

D'abord Raoul ne s'aperçut guère de la présence de Marguerite. — Quand il la reconnut ensuite, il la prit pour un ange descendu du ciel; — mais il la supplia de le laisser mourir. Marguerite s'accusait d'avoir exigé ce funeste mariage; elle se reprochait tout haut les chagrins qu'elle avait ainsi attirés sur la tête de Raoul, — et à peine tout bas s'avouait-elle à elle-même le bonheur qu'elle avait perdu pour elle et pour lui.

MARGUERITE A LA TANTE CLÉMENCE.

« J'ai vu M.***. Il s'emploiera de tous ses efforts en faveur de ton fils, mais il ne m'a pas caché que la situation est des plus dangereuses. C'est une cruelle chose que de n'oser relever un peu ton pauvre cœur de l'abattement profond où il est tombé, dans la crainte d'avoir à le faire retomber de nouveau et de plus haut.

« Raoul est sauvé. — Il est vieilli de dix ans. — Sa pâleur, ses rides précoces, sont pour moi des reproches terribles. — C'est moi qui ai exigé qu'il épousât cette méchante

Esther, et c'est de ce mariage que sont venus tous ses chagrins.

« Comme il n'était pas convenable que je logeasse dans l'auberge où il demeure, une fois que sa vie n'était plus en danger et que sa situation n'exigeait plus des soins et une surveillance de tous les instants, j'ai cherché un autre logis auprès de lui. — Mais hier il m'a dit qu'il allait retourner à Paris, où *ses affaires l'appellent*. J'ai compris ce que ce mot veut dire, — c'est qu'il lui reste à peine l'argent nécessaire ponr payer son hôtelier et son médecin, et qu'il veut s'occuper de retrouver quelques leçons. — Au plus fort de sa maladie, alors qu'il ne reconnaissait ni moi, ni les autres personnes qui le soignaient, j'ai eu la curiosité de voir quelles étaient ses ressources. — Il n'avait avec lui que quelques louis, et je sais qu'il a abandonné non-seulement la dot de mademoiselle de

Seeburg, mais encore le logement qu'il habitait avec elle, dont il a remis les clefs au père, et dans lequel il a juré de ne jamais rentrer. J'ai ajouté seulement trois louis aux cinq qu'il avait dans sa poche, pour qu'il ne s'aperçût pas de ma petite fraude, qui l'aurait blessé. Je ne sais, ma chère tante, ce que je vais faire maintenant. Lui-même est triste et embarrassé. Par un sentiment de délicatesse que tu apprécieras, il n'ose me demander quelles seront désormais nos relations. Je n'en sais rien moi-même. Je regrette presque qu'il ne soit plus malade, et que l'*humanité* ne m'oblige plus à rester sans cesse autour de lui. Dois-je cesser de le voir? dois-je abandonner ce pauvre homme, déjà si abandonné et si malheureux par ma faute? Un hasard m'a appris des nouvelles de sa femme; elle est en Belgique avec l'homme qui l'a enlevée, et qui est de ce pays. — Il n'est pas probable qu'elle revienne jamais en France; d'ailleurs, après un éclat semblable, toute réunion entre eux est impossible.

« Je trouve tant de douceur à m'occuper de lui, à le soigner, que je crains de ne plus savoir quelles sont à son égard les limites de mes devoirs aux yeux du monde. — Pour ce qui est des devoirs véritables et de la vertu, ils sont gravés dans le cœur et ne dépendent d'aucune convention : on ne court aucun risque de se tromper.

« Je vais moi-même retourner à Paris. — Ici j'étais avec un garde-malade, avec l'aubergiste, sa femme, ses enfants, — au chevet d'un malade, dans un appartement ouvert, où l'on avait besoin d'entrer à chaque instant, — mais chez moi je serai seule. Dois-je refuser de le recevoir? Les gens du monde auront-ils le tact touchant de ces braves gens chez lesquels on avait porté Raoul, et qui, sans que je leur aie rien dit, au bout de quelques jours de mon séjour chez eux, ne m'ont plus parlé de Raoul sans le désigner comme *mon frère*. — Les gens du monde comprendront-ils comme eux la sainteté et la pureté de mon affection pour lui ? Tu n'es pas là, ma chère tante, et avant que je puisse avoir ta réponse et tes conseils, avant que cette lettre soit partie, il m'aura fallu prendre une résolution.

« Si je repousse Raoul, ce pauvre cœur si profondément blessé, je ferai une mauvaise action en réalité, mais le monde n'aura rien à dire. — Si je l'accueille, au contraire, si j'accepte ce doux nom de sœur que la femme de l'aubergiste m'a la première donné ; si je le console, si je le soutiens, — j'aurai fait une bonne action, mais le monde me blâmera. Faut-il donc être dure et cruelle pour moi et pour lui, pour mériter, non pas l'approbation, mais le silence de ce monde? — Je crains bien en ce moment de plaider pour la cause que je désire qui gagne, — et d'être à la fois juge et partie. — Quoi qu'il en soit, ma bonne tante, je remplirai mes *vrais devoirs*; — j'ai prié Dieu une partie de la nuit de m'éclairer à ce sujet. Après Dieu, il y a deux personnes qui connaîtront la pureté de mon âme, — toi et Raoul. Que me fait le reste du monde, auquel je n'ai rien à demander, pour lequel je ne vis pas, — et qui ne pourrait jamais rien me donner qui fût comparable en douceur aux quelques instants que j'ai pu passer au chevet de Raoul malade, en lui prodiguant tous les soins d'une mère à son enfant. »

XXII

Marguerite à la tante Clémence.

« Hier, nous avons tous deux quitté la campagne pour revenir à Paris. Au moment de nous séparer, nous étions aussi tristes et aussi embarrassés l'un que l'autre. Raoul ne me demandait pas s'il viendrait me voir chez moi. — Plusieurs fois nous nous sommes dit adieu, sans cependant nous en aller ni l'un ni l'autre. J'ai vu sur son visage péniblement contracté qu'il prenait sa résolution et qu'il allait me quitter. Alors je lui ai demandé : — Viendrez-vous me voir demain? — Oui, — m'a-t-il répondu, et son regard mouillé de larmes m'a remercié éloquemment.

« Je ne l'ai pas encore vu aujourd'hui, et c'est en l'attendant que je t'écris pour parler de lui. Mon Dieu ! pourquoi me suis-je laissé entraîner par les mensonges d'Esther ! pourquoi n'ai-je pas écouté tes conseils ! — Raoul serait ici chez lui. J'aurais le droit de partager avec lui ma petite fortune, tandis que je n'ose faire la moindre allusion à ses affaires, dans la crainte de l'offenser. Je suis effrayée de l'exiguité de ses ressources. — Je ne crois pas qu'il puisse lui rester un ou deux louis. A-t-il trouvé tout de suite des leçons? Et s'il en a trouvé, comment fera-t-il pour attendre la fin du mois et l'époque du paiement de ses leçons? Il est faible encore, et à peine convalescent. Ne se fatiguera-t-il pas trop ! aura-t-il les soins nécessaires ? Heureuse Esther ! qui avait le droit de savoir tout cela !

. . . .

« Il est venu comme je t'écrivais cette lettre. Je l'ai interrompue. — Il est parti et je reste seule avec toi. Je l'ai trouvé pâle et fatigué. — Il aura sans doute marché beaucoup. Je n'ai osé lui faire aucune question à ce sujet. Je n'aurais pu lui dire : « Ne marchez pas tant. » Il m'aurait pu répondre qu'il faut bien qu'il s'occupe de gagner sa vie, de trouver des leçons et du travail, et qu'il n'a pas d'argent pour prendre des voitures. — Mon Dieu ! si tu étais là, tu trouverais, j'en suis sûre, quelque moyen ingénieux ; tandis que moi je me désespère sans pouvoir rien imaginer.

« Je lui ai demandé s'il voyait quelqu'un,

— s'il avait conservé quelques amis. Il m'a répondu que non, — qu'il était heureux de ne plus connaître que moi. — J'ai essayé de lui demander s'il avait de l'occupation, s'il pensait trouver facilement des leçons, — il a fait semblant de ne pas entendre et il m'a demandé de tes nouvelles. — Je n'ai pas osé revenir sur ce sujet, et nous avons parlé de toi jusqu'au moment où il a regardé à la pendule, s'est levé et est parti. — Il m'a regardée alors si tristement que malgré moi j'ai dit : « A demain ! » Et un éclair de joie et de santé a brillé sur son visage pâle et amaigri. »

. . . .

Cette situation, qui était un supplice pour Marguerite, dura longtemps, Parfois elle trouvait un bon prétexte pour engager Raoul à dîner avec elle, — mais celui-ci ne laissait pas s'établir l'habitude qu'elle en voulait faire, et souvent il refusa de partager le dîner de mademoiselle Hédouin en disant qu'il avait déjà dîné, ce qui n'était pas vrai.

Les leçons ne se présentaient pas : — ses démarches pour trouver des occupations d'un autre genre n'avaient pas plus de succès ; — il avait vendu successivement tous ses habits, en ne réservant qu'une grosse redingote, très convenable pour la saison froide au milieu de laquelle on se trouvait ; — mais le printemps arriva, puis le commencement de l'été, qui s'annonça par des chaleurs accablantes. Il est difficile de dire ce que souffrit Marguerite de voir chaque jour Raoul avec sa lourde redingote.

Quelqu'un qui, un jour, se trouvait chez elle en même temps que Raoul, se plaignit de l'excès de la chaleur. — Raoul rougit un peu et dit qu'il ne trouvait pas qu'il fît trop chaud. Quelques instants après, Marguerite le surprit essuyant son front, sur lequel tombaient de grosses gouttes de sueur.

Il fit, cet été-là, une chaleur si peu ordinaire, que c'était un sujet de conversation partout. — Mais Marguerite n'en parla pas une seule fois et feignit de ne pas s'en apercevoir. — Quelquefois mademoiselle Hédouin disait :

— Monsieur Desloges, je m'ennuie mortellement ; — ou : je suis un peu malade. — Si vous étiez bien aimable, vous dîneriez avec moi.

Une autre fois : — Monsieur Desloges, j'ai fait aujourd'hui une certaine crême sur laquelle je veux avoir votre avis.

Un jour Raoul refusa formellement. — Il était venu avant l'heure ordinaire du dîner ; mais il crut s'apercevoir, à l'insistance de Marguerite, qu'elle soupçonnait sa pénurie. — Alors il dit qu'il était invité et dînait avec *un ami,* lui qui avait dit qu'il ne voyait plus personne.

— Ne vous verrai-je donc pas ce soir ? — dit mademoiselle Hédouin.

— Si vraiment, si vous me le permettez. — Je ne fais pas de cérémonie avec ce camarade, et je l'ai averti qu'aussitôt le dîner fini je le quitterais. Je reviendrai.

Comme Marguerite dînait seule, elle reçut la visite d'une femme de ses amies, qui en parlant de choses et d'autres, lui dit :

— Ah çà, ce monsieur Raoul qui vient souvent chez vous est donc bien frileux ? je viens de le voir qui regardait les images sur le boulevard. — Il a une énorme redingote boutonnée jusqu'au col.

— C'est un ami d'enfance, dit Marguerite ; il a reçu en duel il y a quelques mois une blessure très dangereuse dont il n'est pas encore tout à fait rétabli, et... on lui a ordonné de se tenir très chaudement.

— Eh bien! il doit plus souffrir de cette prescription qu'il n'a dû souffrir de sa blessure!

— Vous dites qu'il regardait des images?

— Oui... très près d'ici... je l'ai vu deux fois, d'abord il y a une demi-heure; puis, comme je venais ici, je l'ai retrouvé à la même place, qu'il n'avait pas quittée.

Marguerite resta silencieuse, dit qu'elle n'avait plus faim, et fit desservir son dîner. — Elle était convaincue que Raoul l'avait trompée, — qu'aucun ami ne l'attendait pour dîner, et qu'il regardait des images en attendant qu'elle eut fini son repas.

Raoul ne tarda pas à revenir. — Elle était seule alors. Ils parlèrent longtemps de choses indifférentes; mais mademoiselle Hédouin laissait souvent tomber la conversation. Elle était triste, préoccupée. On lui servit du thé, selon son habitude. Elle demanda des gâteaux, disant qu'elle avait mal dîné. — Raoul prit une tasse de thé; mais, sans s'en apercevoir et vaincu par le besoin, il mordit dans un gâteau avec une telle voracité, que Marguerite ne put se contenir davantage, fondit en larmes et éclata en sanglots. Elle fut longtemps sans pouvoir répondre aux questions de Raoul, — tant elle pleurait convulsivement; — puis tout à coup elle joignit les mains et s'écria :

— O Raoul! mon ami! au nom du ciel, je vous en supplie, ayez pitié de moi!

— Qu'avez-vous, Marguerite ? répondit Raoul.

— Ayez pitié de moi, Raoul! ne me laissez plus souffrir ce que je souffre depuis six mois! — je ne puis plus le supporter : — vous me faites mourir. — Mon Dieu! que suis-je donc pour vous? — Ne puis-je être autant qu'un ami? Tenez, Raoul, — cela ne peut durer. — Tiens, Raoul, dit-elle, écoute-moi, prends sur moi les droits d'un amant et d'un mari, pour que j'aie ceux d'une amante et d'une femme. — Je t'en prie, Raoul, comprends-moi, je t'en prie !

— Je le voudrais, dit froidement Raoul.

— Eh bien! je vais parler. — A commencer d'aujourd'hui, je veux être pauvre et misérable. — Tenez, j'ai faim, et voilà ce que je fais !

Elle jeta à terre les gâteaux.

— Oui, j'ai faim, reprit-elle, et je ne mangerai pas. — Écoutez ! — Vous êtes pour moi dur et cruel, — vous êtes pauvre, — vous me donnez l'horrible douleur de vos privations, — vous n'en avez pas le droit !

Elle se jeta à ses genoux et lui dit :

— Raoul! Raoul! sois mon maître, — sois

mon amant! Je veux que cette maison soit à toi, — je veux être ici chez toi!

Puis elle se releva, se jeta dans un fauteuil, la tête sur le dossier, et recommença à pleurer amèrement.

— Vous vous trompez, Marguerite, — je vous affirme que vous vous trompez. Je suis... gêné... momentanément... mais... ce n'est pas au point que vous supposez.

Marguerite se leva et dit :

— Raoul, vous mentez! — où avez-vous dîné aujourd'hui!... Avec un ami? disiez-vous. — Vous êtes resté sur le boulevard à regarder des images!

— Je n'avais pas faim... et...

— Taisez-vous!... je sais tout!... Mais quel mépris avez-vous donc pour moi! Que suis-je pour vous? — Raoul! Raoul! — Vous ne saurez jamais tout ce que vous m'avez fait souffrir.

— Ne souffririez-vous pas davantage de me voir accepter une situation honteuse?

— Honteuse?... Ah! si vous m'aimiez, vous comprendriez que le bienfaiteur est celui qui reçoit. Mais je vous ai dit ma résolution... je serai pauvre comme vous, — malgré vous je partagerai votre sort, — je verrai combien de temps vous m'imposerez ces privations, puisque vous ne voulez pas comprendre que je souffrirai moins ainsi.

Raoul voulut encore abuser mademoiselle Hédouin, mais elle pleura et supplia avec plus de véhémence encore.

— Écoutez, Marguerite, dit-il, avouez une chose : oseriez-vous dire aux gens que vous connaissez ce que vous voulez que j'accepte de vous?

— Oui. Je leur dirai que je vous aime, que vous daignez me regarder comme un ami,— que vous m'aimez, que tout est commun entre nous. — N'ai-je pas osé me compromettre pour vous voir tous les jours? — A-t-on cru, le pensez-vous, à la pureté de nos tête-à-tête de tous les soirs depuis six mois! Vous m'avez laissé me perdre pour vous, — vous m'avez permis de vous sacrifier ma réputation, — et vous refusez de partager mon argent! — c'est absurde et niais! — Attachez-vous plus de prix à l'argent qu'à l'honneur? — Mais je ne veux pas plaider et discuter contre vous ; — ce n'est pas à votre pauvreté qu'il faut mettre un terme, c'est à la mienne, — car, je vous le jure, la misère n'oblige pas aux privations que j'aurai le génie d'inventer pour surpasser les vôtres! — Mais quand vous avez épousé mademoiselle Seeburg, elle avait une dot, — vous avez bien accepté sa dot! — Est-ce parce que je ne puis être votre femme que vous me traitez ainsi? — Est-ce à vous de me marquer du mépris pour cela ! — Écoutez, Raoul, je comprends votre orgueil, parce qu'il est le mien. — Nous quitterons Paris, nous renverrons ma servante, — nous irons à la campagne, ensemble, — là où personne ne nous connaîtra ; — je serai votre femme ; — c'est vous qui louerez la maison ; — je serai chez vous. Mon Raoul, je t'en prie, laisse-moi faire tout cela comme je l'entends. Oh ! que je voudrais être pauvre et misérable ! comme je voudrais tout recevoir de toi ! Mais si tu savais tout le bonheur que tu peux me donner en consentant au partage que je te demande !

XXIII

La Paix des Champs.

Si le hasard, à mes désirs prospère,
Accomplissait mes rêves de bonheur,
Dans un vallon j'aurais une chaumière,
Peu vaste, mais riante, solitaire.
La clématite avec sa douce odeur,
La vigne en couvrirait les murailles rustiques ;
De gros noyers de leurs branches antiques
La cacheraient aux regards indiscrets.

. . . .

Un mur d'épine blanche et d'églantier sauvage
Enfermerait mes prés, ma maison, mon jardin,
Oh ! si j'avais encor, sur le côteau voisin,
Un petit clos de vigne !... et dans le voisinage,
    Un champ de blé dont les épis dorés
Sous le vent qui frémit se balancent en onde
De bluets, de pavots, de nielles diaprés...
    Je serais le roi du monde !

. . . .

    Puis je voudrais quand, le matin,
      Au travers de ma fenêtre,
    Le soleil glisserait un rayon incertain,
      Précurseur du jour qui va naître,
Je voudrais voir, les yeux clos encore à demi,
De mon premier regard la maison d'un ami.

. . . .

                 (SCHILLER.)

Le soleil commence à descendre derrière les arbres. Un jeune homme et une jeune fille — sont assis sur le sommet d'une colline qui domine une vallée étroite dans laquelle une trentaine de maisons sont cachées sous les arbres.

La colline est couverte de bruyères dont la fleur est passée, mais — le thym sauvage y étale ses fleurs roses. — Ils sont étendus sous une vieille aubépine dont les fruits commencent à rougir. — Ils sont silencieux, leurs regards comme leur pensée suivent le soleil qui disparaît derrière de grands sycomores, — dont le feuillage richement découpé se dessine vigoureusement sur l'horizon empourpré.

L'œil a besoin de chercher les maisons entourées de hauts arbres, le clocher de l'église s'élève seul, et le coq doré qui le surmonte resplendit d'un dernier rayon que lui envoie obliquement le soleil. Bientôt ce rayon s'éteint, — et la cloche sonne l'*Angelus*. Alors de toutes parts on dételle les chevaux des charrues. — Les hommes et les femmes reviennent à la maison. Le jour disparaît et les arbres de la vallée se constellent de lumières rouges qui s'allument successivement, — tandis que le feu bleuâtre des étoiles s'allume au ciel. — On dirait des fleurs de feu qui s'épanouissent au ciel et sur la terre. — On entend au loin coasser les grenouilles dans la mare d'une ferme.

— O mon ami! dit la jeune fille, — quel calme enchanteur! que chacune de ces maisons cachées dans les arbres comme un nid d'oiseau doit être une douce retraite! — Que les habitants de cette vallée doivent être heureux et bons! Mon ami... pourquoi ne cacherions-nous pas aussi notre vie et notre bonheur dans un de ces nids parfumés, — loin des villes, de leurs habitants curieux et envieux? — Mon ami, ce n'est pas le hasard qui nous a fait assister à ce beau spectacle de la fin du jour. — Si vous m'en croyez, le reste de notre vie se passera sous ces beaux arbres. — Il m'a semblé que la voix vibrante de la cloche de l'église nous appelait et qu'elle nous promettait encore une vie heureuse et paisible.

— Le lendemain, dès le jour, Raoul et Marguerite revinrent et descendirent dans la petite vallée ; — leur enchantement fut encore plus complet. — Trois ou quatre maisons bourgeoises étaient clair-semées. Ils virent à la porte d'une de ces maisons une jeune femme qui tenait un enfant dans ses bras. Ses beaux grands yeux bleus étaient pleins de bonheur et d'innocence. Marguerite s'arrêta, regarda l'enfant et baisa ses fraîches joues roses. — Raoul demanda à la paysanne s'il y avait une maison à louer dans le pays.

— Je crois que oui, dit-elle ; celle de maître Gillet est fermée depuis l'année dernière.

— Et où est la maison de maître Gillet?

— A l'autre bout de la commune.— Notre

gas va vous y conduire. — Ohé ! Todore !

On voit alors sortir de la niche du chien placée dans le milieu de la cour deux têtes, — l'une était celle d'un grand dogue aux yeux calmes, — l'autre la tête blonde et frisée d'un petit garçon ; — il embrassa son ami le dogue avant de le quitter, et celui-ci lui rendit sa caresse avec gravité. La mère arracha des cheveux de Théodore des brins de paille qui y étaient restés, puis elle lui dit :

— Tu vas conduire monsieur et *sa dame* à la maison de maître Gillet ; en passant tu appelleras madame Gillet pour qu'elle prenne les clefs et leur vienne montrer la maison. — Tu entends bien, n'est-ce pas ?

Marguerite fit quelques compliments à la mère sur la beauté et la santé de ce nouvel enfant, et Marguerite et Raoul se mirent en route précédés de Théodore.

Ils traversèrent une partie du village. Madame Gillet, avertie, s'arma d'un trousseau de clefs et les mena voir la maison. — C'était un grand jardin abandonné depuis plusieurs années déjà, et une maison couverte en chaume, passablement délabrée. — Néanmoins elle plut beaucoup à Marguerite et à Raoul, et ils furent très désappointés lorsque madame Gillet leur annonça que la maison n'était pas à louer, — qu'elle et son mari, monsieur Gillet, ne voulaient plus la louer, — que le dernier locataire était parti sans payer, et avait, pendant l'hiver, fait du feu avec une notable partie de l'escalier; — qu'en conséquence il s'agissait de se débarrasser de la maison et de la vendre.

Marguerite et Raoul se retirèrent; tous deux restèrent quelque temps silencieux et tristes. — Pendant leur visite à la maison couverte de chaume, ils l'avaient déjà remplie de rêves et de projets. — Marguerite parla la première et dit : — Mais... Raoul... si nous achetions cette maison... en vendant une partie de... nos... rentes, cela ne nous coûterait pas autant que nos deux logements à Paris.

Raoul fit quelques objections qui furent bien vite levées. — Marguerite voulut que ce fût Raoul qui achetât la maison ; — c'était le seul moyen — qu'on les crût mariés, et que le sacrifice qu'il faisait si noblement de sa considération et de sa position sociale ne fût pas pour elle une cause de mépris et de dédain. L'affaire fut bientôt conclue. — Ils firent faire les réparations indispensables, et ils s'installèrent dans leur nouvelle demeure.

XXIV

MARGUERITE A SA TANTE CLÉMENCE.

« Je pense comme toi, ma chère tante, que l'occasion que ton fils a trouvée de s'échapper ne doit pas être attribuée au hasard, — et que ses chefs auront eu pitié de ta douleur. Tu n'en es pas moins perdue pour moi encore pour bien longtemps ; — tu ne le quitteras, je le sais bien, que lorsqu'il sera tout-à-fait remis de la maladie qu'il a contractée en prison. C'est mon seul chagrin aujourd'hui, tu manques à tout ici : — mon bonheur, mes plaisirs, — tout a un côté de moins, tout est comme échancré, parce que tu n'es pas là.

« Nous sommes installés enfin dans cette paisible vallée, dans cette petite maison dont je t'ai parlé. J'ai peur quand je m'y sens si heureuse. Si je fais mal, comme tout me le dit, — si j'ai manqué aux lois de la religion et à celles de la société, que suis-je donc devenue pour trouver si peu de repentir et de si rares regrets dans mon cœur? — Que pouvais-je faire cependant?... c'était le seul moyen d'adoucir le sort de Raoul; — et, à part certaines cérémonies, ne suis-je pas sa femme? — n'ai-je pas la conscience de remplir avec joie tous les devoirs sacrés du mariage? — Lui seul occupe toutes mes pensées, ma vie entière est consacrée à son

bonheur. — Il y a des moments où j'ose me
dire : — Esther, qui est *sa femme*, — a fait
tout haut des serments qu'elle a trahis ; —
ces mêmes serments, que j'ai faits tout bas,
je les tiens religieusement. — Bien plus, pour
veiller sur le bonheur de Raoul, pour adoucir les ennuis de sa vie, j'ai renoncé a tout ce
qui fait l'orgueil des femmes, j'ai donné aux
plus misérables d'entre elles le droit de me
traiter avec dédain. J'espère alors que Dieu
a pitié de moi ; — que je n'ai fait qu'obéir aux
meilleurs sentiments qu'il a mis dans mon
âme, et qu'il me pardonne.

« Que j'aime notre retraite, chère tante !
C'est une maison avec un toit de chaume. Du
côté du nord, on ne voit plus le chaume ; —
la mousse l'a couvert du plus soyeux velours
vert. — Sur la crête s'élèvent des iris au feuillage aigu. — Le devant de la maison est tapissé par une vigne vierge dont le riche feuil-

lage commence à rougir, — par un jasmin chargé d'étoiles blanches embaumées, — et par un chèvre-feuille, le plus poétique, le plus rêveur des parfums.

« En face est une pelouse verte sur laquelle s'étend l'ombre de trois énormes noyers. — La saison ne nous permet encore de faire aucun travail. — Cet hiver nous préparerons des plates-bandes pour mettre quelques fleurs, — puis nous cultiverons aussi des légumes — dans le reste du jardin, où il y a quelques arbres fruitiers. — Nous avons hier acheté des poules et un coq.

« Nous n'avons rien dit à personne, — mais naturellement on nous croit mari et femme. — Nous avons avec nous une grosse servante que nous avons prise dans le pays; c'est la cousine de cette femme dont je t'ai parlé, qui a de si jolis enfants et qui nous a indiqué la maison la première fois que nous sommes descendus dans la vallée. Nous sommes décidés à ne voir aucun des bourgeois qui habitent le village pendant l'été. Raoul ne sort pas de la maison; c'est un calme dont il n'avait pas d'idée jusque-là. — Tu comprends que ma petite fortune a été diminuée par l'acquisition que nous avons faite, — mais il nous reste de quoi vivre... comme nous vivons, sans toilette, sans plaisirs achetés, sans spectacles, sans voir de monde.

« Que je suis heureuse de voir Raoul si heureux ! — Il soigne ses arbres avec une sollicitude qui te ferait sourire. Une chenille qui se nourrit sur une feuille n'est jamais si petite qu'elle puisse échapper à ses recherches et à sa vengeance. — Viens aussi vite que tu le pourras, — toi seule nous manques. — Tu nous forces de porter notre pensée au dehors de notre maison; tandis que si tu étais ici, avec nous, le monde se bornerait aux murailles de notre jardin. — Sauf les moments où tu nous gênes dans notre bonheur, en n'en faisant pas partie, il semble que nous soyons tous deux seuls au monde, comme nos premiers parents étaient dans le Paradis. — N'est-ce pas que ce qui rend si doucement heureux ne peut être un crime impardonnable?

« Adieu ! »

MARGUERITE A SA TANTE CLÉMENCE.

« Je suis, ma chère tante, en proie depuis longtemps à une tristesse dont la cause est tellement absurde, qu'il n'y a qu'à toi que j'en puisse parler, — et que ce ne sera pas trop de toute ton indulgence pour recevoir ma confession à ce sujet.

« Il nous est survenu une visite, il y a quelques jours. Un monsieur Aristide Leroux, que Raoul a connu autrefois, se trouve être le maire du village que nous habitons. Le hasard lui ayant appris le séjour de M. Desloges dans la commune qu'il gouverne, il a cru devoir le visiter. Il nous a fort engagés à aller voir son jardin. Raoul le lui a promis, ce que je lui ai fort reproché quand monsieur le maire a été parti; ma position me défend de voir aucunes femmes — et de m'exposer aux humiliations qu'elles ne manqueraient de me faire subir avec tant de plaisir, que je me suis plus d'une fois demandé si les femmes ont réellement une si grande horreur qu'elles le disent pour des fautes qui leur donnent le droit d'écraser aussi impitoyablement d'autres femmes. Raoul, pour me rassurer, m'a dit que la femme de monsieur le maire n'était autre qu'une ancienne actrice du Cirque-Olympique, qui avait eu l'adresse de se faire épouser.

» Je suis fâché que Raoul n'ait pas compris ce qu'il y avait de blessant pour moi dans cette explication. N'est-ce pas accepter avec trop de résignation le côté humiliant de la position que j'ai prise, que d'admettre que je puis voir une femme précisément par les raisons qui devraient m'empêcher de la voir, si j'étais ce que je dois être et ce que j'ai été.

« Je me crois honnête femme. Je n'ai manqué à aucun des devoirs compatibles avec ma tendresse pour Raoul. Mais si les idées du monde me proscrivent de la société des honnêtes femmes, ce n'est pas à dire que je sois condamnée à la société des courtisanes.

« Aussi ce matin j'ai pris un prétexte pour ne pas accompagner Raoul qui déjeûne chez ce monsieur Leroux ; mais tout pour moi a été un sujet de souffrance. Raoul a pris pour la première fois depuis longtemps quelque soin de sa toilette. Il m'a fait ourler une cravate neuve sur laquelle je n'ai pu m'empêcher de laisser tomber deux grosses larmes.

« Je serais bien fâchée qu'il se fût aperçu de cette impression ; c'est une occasion de distraction dont il avait peut-être besoin ; mais pourquoi a-t-il besoin de distractions ? Nous sommes si heureux dans notre solitude ? A quoi sert de se distraire du bonheur ?

« Comme il s'en allait sans m'embrasser ainsi qu'il a l'habitude de le faire, je le rappelai, — et ce n'est qu'après son départ que je me permis de pleurer. — J'en suis vraiment honteuse, chère tante, et je t'écris pour me consoler et me punir en même temps. »

P. S. « Je rouvre ma lettre pour te dire que Raoul revient, qu'il paraît heureux de me revoir, qu'il est chargé de plantes que lui a données M. Leroux, et qu'il s'empresse de replacer dans notre jardin.

« MARGUERITE. »

XXV

. . . .

Dans un jour d'expansion, Raoul lut à Marguerite sa fameuse tragédie. Marguerite en elle-même la trouva médiocre, mais elle le vit si heureux au bruit de ses vers qu'elle exagéra de beaucoup le peu de bien qu'elle pensait du chef-d'œuvre, et elle se joignit

aux regrets qu'éprouvait Raoul de ne pas la voir imprimée. . . . .
. . . .

A quelque temps de là, — Raoul, qui était allé à Paris pour quelques affaires, crut reconnaître dans la rue son ancien ami Calixte Mandron. Mais ce qui lui parut singulier et l'empêcha de l'aborder, c'est qu'il vit à sa boutonnière un ruban rouge, — qui lui fit croire que l'homme qu'il apercevait n'était pas Calixte, mais quelqu'un, qui par un jeu du hasard, lui ressemblait étrangement.

Raoul cependant ne s'était pas trompé. Mandron avait, depuis leur dernière entrevue, essayé sans succès diverses professions, — qu'il avait pris le parti désespéré de réunir et d'exercer tour à tour selon les circonstances.

A sa qualité d'hommes de lettres, qui ne

lui rapportait rien, il avait tenté de joindre une industrie plus productive. — Il s'était fait agent d'affaires. — A son agence d'affaires il avait ajouté un bureau de placement pour les domestiques et les ouvriers. Mais la police n'avait pas tardé à intervenir au sujet de quelques opérations sur lesquelles des explications lui ayant paru nécessaires, elle avait cru devoir interroger Calixte. — Celui-ci avait disparu sans daigner répondre, et il s'était fait chimiste, inventeur d'une pommade pour faire pousser les cheveux et la barbe, — et aussi d'une eau pour les teindre en noir ou en blond, au choix des personnes.

Un jour, qu'il avait confectionné une provision de la pommade, il s'aperçut qu'il en avait fait plus qu'il n'était nécessaire, — et du reste de sa pommade pour faire pousser les cheveux, il avait fait une crême épilatoire qui faisait tomber le poil des bras en vingt-quatre heures. La réunion de ces denrées ne suffisait cependant pas à Mandron, qui était accoutumé à faire de grandes dépenses. Il avait, en conséquence, eu recours à un autre expédient : il avait laissé pousser ses moustaches, — et s'était créé lui-même chevalier de l'ordre de la Légion-d'Honneur. Cependant, comme on aurait pu lui faire quelques chicanes sur la légalité de cette ordonnance, il ne portait pas le ruban rouge partout.

Voici la nouvelle industrie imaginée par ledit Mandron :

Il se présentait dans une maison, demandant quelqu'un dont il avait pris au hasard l'adresse dans l'*Almanach*; — dans l'escalier il attachait sa décoration qu'il avait par prudence laissée dans sa poche, — et il se présentait comme ancien officier. Il venait, disait-il, pour faire une bonne œuvre. Un vieux troupier qui avait servi sous ses ordres se trouvait pour le moment dans une triste situation; il était malade, sans ouvrage, chargé d'une nombreuse famille. Il s'était avec raison adressé à son ancien chef, qui avait toujours regardé les soldats comme ses enfants; — celui-ci s'était fait un plaisir et un devoir de venir au secours de son ancien compagnon d'armes, — mais sa fortune était bornée, ses économies entières y avaient passé, cependant il ne pouvait abandonner ce malheureux, — et il avait pris la liberté de se présenter chez monsieur***, dont la générosité était connue, — pour lui fournir une occasion d'exercer sa bienfaisance en l'aidant à venir au secours dn vieux soldat.

Quelquefois on lui demandait le nom et l'adresse du malade, — mais avec beaucoup de dignité il répondait : — Ah! monsieur, ce serait le tuer que de trahir le secret de son infortune ! Si vous saviez tout ce qu'il a souffert avant de se décider à s'adresser à moi, — à moi son père plutôt que son supérieur. — Non, monsieur, non; il repousserait vos bienfaits, — et ce n'est qu'à force de ruses que je puis lui faire accepter même de ma part. Aussi je me suis adressé à vous, monsieur, parce que vous n'êtes pas un de ces faux philosophes qui ne donnent que par vanité. Si vous venez au secours du vieux soldat, il n'y aura que Dieu et moi qui saurons votre belle action.

Presque toujours Mandron réussissait à se faire remettre ainsi quelques pièces de cent sous. Puis en descendant l'escalier il remettait son ruban dans sa poche. Il revenait d'une de ces expéditions lorsque Raoul l'avait reconnu, et il avait oublié de faire disparaître son ruban. Il avait bien aperçu

Raoul, mais en même temps il avait remarqué son oubli, et il avait feint de ne pas le reconnaître. — Mais quelques temps après il vint le voir à la campagne et lui demander sans façon à déjeuner. On causa, et Calixte demanda à Raoul s'il faisait toujours des vers.

— Non, répondit Raoul, — je suis fatigué de n'en pouvoir publier aucuns.

— Et pourquoi ne les publies-tu pas? — Par exemple, ta tragédie, qu'en as-tu fait?

— Ma tragédie?... on n'a pas voulu la jouer.

— Eh bien! il faut en appeler au public de l'ignorance des directeurs de théâtres. Il faut faire imprimer ta pièce.

— Mais comment?

— Tu demandes comment!... mais il n'est pas un libraire qui ne soit enchanté de l'imprimer... J'ai justement un homme avec lequel je fais des affaires... Mais parbleu, tu le connais bien, c'est Alexandre...

— Comment, l'ancien *flot* du Cirque-Olympique ?

— Lui-même... Il a gagné de l'argent avec le *Scorpion*... il est devenu un de nos premiers éditeurs.

— Vraiment !

— Et il se chargera de ton affaire... mais il faudra que tu entres dans une partie des frais d'impression.

— Ah diable !

— Ce n'est rien, vous partagerez ensuite le prix de la vente. L'affaire vaut bien mieux comme cela ; — en cas de succès, tu n'auras pas le crève-cœur de voir ton libraire s'enrichir à tes dépens. — En tous cas, je le verrai.

— Quand cela ?

— Demain, — et après-demain je viendrai te rendre réponse.

Les deux amis allumèrent des cigares et se mirent à fumer en se promenant dans le jardin. — Marguerite avait pris un prétexte pour quitter la table avant le moment où l'on avait commencé à parler de la tragédie. — La présence d'un étranger l'embarrassait, et, d'ailleurs, les manières de Mandron ne lui plaisaient pas. Calixte questionna beaucoup Raoul, — et apprit que la maison lui appartenait. Il prit congé de lui et revint le surlendemain. — Raoul alla au-devant de lui et lui dit rapidement : — Ne parle pas devant Marguerite des conditions de ton libraire.

En effet, il avait seulement dit à Marguerite que Calixte devait lui trouver un libraire qui imprimerait sa tragédie. — Après dîner, — ils sortirent tous deux et se promenèrent dans la campagne. — Ton affaire va bien, dit Calixte; Alexandre imprimera ton livre que l'on aura soin de prôner dans le *Scorpion*, ce journal que j'avais fondé et qui a déjà dit du bien de toi. — Tu paieras quinze cents francs pour ta part dans les frais d'impression. — Ces quinze cents francs et une somme égale que mettra Alexandre seront prélevés sur les premiers produits de la vente; — après quoi vous partagerez les bénéfices.

— Mais, je n'ai pas les 1,500 fr.

— Bagatelle! tu vas faire un billet de 1,500 fr. à quatre mois. — Avant l'échéance, nous aurons l'argent pour le payer.

— Mais si nous n'avions pas d'argent?

— Impossible! on vend la tragédie 7 fr. 50 c. l'exemplaire: — il faudrait en trois mois n'en avoir pas vendu deux cents exemplaires pour ne pas avoir les 1,500 fr. et au-delà. C'est une affaire sûre. J'ai apporté du papier timbré ; — tu vas me faire le billet... Tiens... pour que ça aille plus vite... pour que *ta femme* ne nous voie pas, — mets en travers de ce papier : — *Accepté pour la somme de quinze cents francs.* — Donne-moi ton manuscrit, et ne te mêle plus de rien.

Raoul signa et donna sa tragédie, — puis il fut trois grands mois sans entendre parler de Calixte Mandron ni de son éditeur Alexandre.

Cette affaire réconcilia les deux fondateurs du *Scorpion*, — et les fit vivre dans l'abondance avec les quinze cents francs de Raoul, dont ils escomptèrent facilement le billet, tout en s'occupant de trouver un libraire qui voulût se charger pour rien d'imprimer la fameuse tragédie en courant seul les chances de perte et de bénéfice. On finit par découvrir un jeune homme auquel on persuada que M. Desloges, homme fort à son aise, rachèterait presque tous les exemplaires de sa tragédie pour en faire hommage à toutes ses connaissances. Aussi, un matin, Calixte revint trouver son ami Raoul et lui apporta les épreuves à corriger.

— Mais, dit Raoul, c'est dans un mois qu'il faudra payer le billet..., et on n'aura jamais eu le temps de vendre assez d'exemplaires pour se procurer l'argent.

— Ne t'inquiète de rien, tout ira bien.

Quinze jours après, la tragédie était imprimée. — Calixte envoya trois exemplaires à Raoul, — avec une lettre où il lui disait : « Nous sommes en retard, ne compte pas sur les 1,500 fr. du billet, qui ne pourront pas *rentrer* avant deux ou trois mois d'ici, — *la librairie ne va pas pour le moment.* Arrange-toi pour payer le billet qui échoit dans quinze jours, c'est un argent qui ne tardera pas à te revenir.

« Ton ami,

« Cte MANDRON. »

Raoul fut horriblement tourmenté de cette nouvelle ; il n'avait aucun moyen de se procurer les 1,500 francs ; il aurait mieux aimé cent fois se brûler la cervelle que de parler à Marguerite de sa situation,— surtout à cause du peu de respect que Marguerite avait pour ses vers. — Cependant il se détermina à attendre, — et pensa qu'il obtiendrait sans doute de la personne qui avait le billet dans les mains le délai nécessaire pour que la vente de sa tragédie le rendît possesseur des 1,500 francs. En attendant, il se livra à la joie d'être imprimé. Il relut sa tragédie une fois dans chacun des trois exemplaires qu'on lui avait adressés.

L'époque fatale arriva cependant. — Un garçon de caisse se présenta pour *toucher* les 1,500 francs. Raoul voulut causer avec lui et lui demander un délai ; mais le garçon lui dit :

— Monsieur, cela ne me regarde pas ; — que vous payiez ou non, ça m'est parfaitement égal. Voici l'adresse de la personne qui m'envoie ; vous avez encore jusqu'à demain midi pour payer, — après quoi on poursuivra.

Sur ces entrefaites arriva une lettre de la tante Clémence ; son fils guéri avait passé en pays étranger. — Elle avait aliéné le reste de sa petite fortune pour lui en fournir les moyens.

« Ma chère Marguerite, disait-elle, il faut maintenant que tu nourrisses ta tante ; je n'ai plus rien, — mais mon fils est sauvé. Il a, cette fois, paru réellement touché de ce dernier sacrifice. — J'espère qu'il sera sage, je serais trop désespérée de ne plus rien pouvoir faire pour lui... — Pourtant... je suis sûre que je le sauverais encore. — Ces derniers évènements ont doublé ma confiance dans la bonté divine et dans l'efficacité de la prière.

« Jusque-là je n'avais guère prié. Je pensais que Dieu est si grand, — nous si petits, qu'il ne s'occupait guère de notre destinée, — et que le plus grand détail dans lequel sa toute-puissance entrait était le soin d'un monde ; — mais j'ai trouvé tant de consolation rien qu'à prier et à croire, — que je considérerai toujours comme un bonheur de prier, — non pas seulement pour ce qu'on espère obtenir, mais pour la prière elle-même. — J'arrive auprès de toi ; — je n'ai plus guère d'autre bonheur à espérer dans la vie que de te voir heureuse : — Fais-moi donc une toute petite place dans ton bonheur. »

Peu de jours après, en effet, on sonna à la porte, et deux personnes se présentèrent à la fois, la tante Clemence et un huissier. — Marguerite se jeta dans les bras de sa tante, — Raoul pâlit, balbutia, — et reçut un papier timbré que l'étranger lui remit et qu'il glissa rapidement dans sa poche sans le lire. Il fut contraint, embarrassé, préoccupé : — son air inquiéta les deux femmes. — Aussi, quand après dîner il sortit pour lire le grimoire en question, — elles cherchèrent à deviner les causes de cette singulière préoccupation. La tante Clémence pensait que son arrivée lui était désagréable ou l'inquiétait. Marguerite avait vu le papier et craignait une provocation, — un duel, — toutes sortes d'affreux malheurs. — Cependant elles se calmèrent et s'endormirent dans les bras l'une de l'autre.

Pour Raoul, — avant le jour il se mit en route pour la ville. — Il allait, à tout hasard, — demander du temps à l'huissier, — au créancier. — Il passa par chez Mandron pour demander quand il reviendrait. — On lui répondit qu'il était chez lui. — Mandron, en effet, n'avait pas quitté Paris.

Il monta et lui fit part de ses embarras. — Mandron s'écria qu'il n'y avait rien de si facile que de le tirer d'affaires, — qu'il se chargeait de faire renouveler le billet à trois mois de date, et que d'ici à trois mois... on verrait, — que la tragédie se serait vendue, etc.

Raoul demanda à passer chez son libraire. — Malgré les divers prétextes qu'imagina Calixte pour l'en détourner, il y mit une telle insistance qu'il fallut céder.

— A propos, dit Mandron, ce n'est pas Alexandre qui a fait l'affaire, c'est quelqu'un de mieux que lui,— tu vas voir.

Le libraire répondit aux questions de Raoul sur le nombre d'exemplaires vendus, qu'il n'en avait pas vendu un seul, si ce n'est les trois qu'il lui avait envoyés.

En effet, Mandron et Alexandre avaient acheté ces trois exemplaires, — parce que, pour obtenir du libraire qu'il imprimât à ses frais la tragédie de M. Desloges, ils lui avaient dit, ainsi que nous l'avons expliqué, — que ledit poète achèterait beaucoup d'exemplaires pour les distribuer à ses connaissances ; aussi le libraire demanda-t-il à Raoul s'il voulait quelques exemplaires ; — à quoi Raoul répondit qu'il en avait assez pour le moment, — et que Monsieur était trop bon.

Le libraire insista, et finit même par dire

que ce n'était pas ce dont on était convenu, et qu'il fallait absolument qu'il en prît.

Mandron, voyant que le tour que prenait la conversation ne tarderait pas pour le moins à surprendre Raoul, la termina en lui disant que M. Desloges en ferait prendre une douzaine par son domestique, et il l'entraîna dehors.

Raoul rentra rassuré, et montra alors à la tante Clémence toute la joie qu'il ressentait en effet de son arrivée, et surtout de sa réunion à Marguerite et à lui.

La tante Clémence aimait beaucoup Raoul, — et les plus clairvoyantes de nos lectrices n'ont pas été sans s'apercevoir que son âge et l'amour de Marguerite pour Raoul n'avaient été que suffisants pour l'empêcher de se laisser prendre à un sentiment plus vif. Mais elle avait réussi à en faire une sorte de tendresse maternelle un peu inquiète et un peu craintive, — qu'elle cultivait en l'émondant soigneusement comme les jardiniers arrondissent au moyen de ciseaux la tête d'un oranger, et la maintiennent dans la forme inventée par le caprice.

Calixte fut ponctuel et arriva le lendemain de bonne heure. Il fit faire à Raoul un nouveau billet de 1600 francs cette fois; — c'est à cette seule condition que le créancier avait consenti à un renouvellement.

Raoul, voyant devant lui un horizon tranquille de trois mois, se livra tout entier à la douce existence que lui faisait la tendresse de Marguerite et de la tante Clémence.

Une chose seulement le tourmentait singulièrement. Le sentiment de Marguerite, d'abord formé d'admiration et de respect, s'était tout doucement transformé, parce qu'elle avait été forcée d'intervertir les rôles avec Raoul et de le protéger, — et parce que dans la vie commune elle ne lui avait trouvé que peu d'énergie.— Enfin il finit par y avoir dans son amour pour Raoul un peu de l'amour d'une mère pour son fils.

Cette position, que Raoul sentait, lui était désagréable; mais, par moments, il pensait que le succès, — un peu lent, mais cependant probable de sa tragédie. — lui ferait reprendre dans la maison la place qui lui convenait, et lui rendrait le prestige d'autorité qu'il comprenait avoir perdu.

26 septembre 1845.

XXVI

L'Auteur au Lecteur.

. . . .
. . . .

J'en étais là de mon récit, — il y a déjà plusieurs années, — et je me suis subitement interrompu, — ne parlant pas plus, ni de Raoul, ni de Marguerite, ni de Mandron, que s'ils n'avaient jamais existé.

Je veux supposer que, parmi les lecteurs

de ce qui précède, il s'est trouvé une personne que cela ait intéressé au point de lui faire dire : — L'auteur est un insupportable personnage! Pourquoi ne finit-il pas cette histoire?

Je vais donner quelques explications à cette personne.

Ce qui m'a empêché de continuer, ç'aurait pu être, — à l'exemple de Sancho Pansa, — que j'avais perdu le compte des chapitres publiés de l'autre côté de l'eau ;

Ou que je n'en savais pas plus long;

Ou qu'il n'était rien arrivé d'intéressant à mes personnages depuis mon dernier récit.

Rien de tout cela.

Quelques personnes ont imaginé peut-être de croire, — mais à coup sûr de dire, — que ce roman était une histoire personnelle, — que Raoul Desloges n'était autre que moi-même. — On ne tarda pas à désigner une Marguerite, et plusieurs de mes amis, — si j'ose m'exprimer ainsi, — eurent le désagrément d'être tour-à-tour signalés comme le type de Calixte Mandron. — Un journal fit à ce sujet quelques allusions qui furent saisies avec empressement, et la chose fut complètement établie parmi les personnes qui m'entourent... à quelque distance.

Je me trouvai fort embarrassé.

Si on m'avait averti d'avance qu'on était décidé à voir mon portrait dans Raoul Desloges, j'aurais pris mes mesures en conséquence, j'aurais orné mon héros de tous les agréments, de toutes les vertus que j'aurais pu imaginer. — et Grandisson eût été auprès de lui un type d'immoralité. Mais le livre était trop avancé. — J'avais voulu peindre dans Raoul un caractère faible, indécis, ayant dans la tête des images brillantes de ce qui lui manquait dans le cœur ; — victime d'une fausse éducation dont il n'avait pas eu l'énergie de secouer le joug, entraînant dans le précipice la douce et dévouée Marguerite.

Je ne prétends pas certes que je ne connais pas Raoul, — je ne dis pas que personne n'a posé devant moi pour esquisser ce portrait. Je crois que l'art est le choix dans le vrai; — j'ai soin d'inventer le moins possible.

J'ai bien dans ma mémoire une sorte d'herbier, — où j'ai gardé desséchées les fleurs et les épines que j'ai trouvées sur les chemins ; — il m'arrive bien parfois de tâcher de leur rendre la vie, la couleur et le parfum, et d'en faire des bouquets pour vous, — ma belle lectrice.

Mais de là à croire que je suis le héros de tous mes livres, — il y a loin, et cela pourrait un jour, si le bruit s'en répandait trop fort, attirer l'attention du parquet. — J'ai raconté des histoires où les héros se permettaient des écarts prévus par divers articles du code pénal, et dont la réunion pourrait bien, — si j'avais fait tout cela à moi seul, m'envoyer à Brest ou à Toulon, — et j'avoue que je préfère ma riante vallée de Sainte-Adresse.

A propos de vallée, — précisément, — on a dit : Raoul demeure dans une vallée, — l'auteur habite celle de Sainte-Adresse, — donc c'est lui.

Il est vrai que Sainte-Adresse est aux bords de la mer, — et que celle où j'avais laissé, peut-être oublié Raoul, est auprès de Paris. — Mais, — preuve de plus, — c'est pour dérouter.

— Raoul a été au collège, — l'auteur également; — quel doute peut-il rester dans l'esprit?

Si je refuse d'admettre que j'ai fait le portrait de Raoul devant une glace, si j'avoue que j'ai la prétention de ne pas ressembler audit Raoul, — si je prétends même qu'il y a dans ce que je raconte de lui deux ou trois actions parfaitement honteuses à mes yeux,— non-seulement Raoul n'est pas moi, — Dieu merci, — mais il n'aurait pas été mon ami.

Je ne refuserai, au contraire, à personne d'avoir posé pour Marguerite ; — c'est une noble et ravissante fille, — et il ne serait pas poli de ma part de dire à n'importe qui : — Vous ne lui ressemblez pas. — Je suis donc décidé à répondre à toute femme qui me demandera : — Qui avez-vous peint dans Marguerite? — par ces deux mots : — Vous-même.

C'est une chose que j'admire tous les jours que la légèreté avec laquelle on porte sur les autres des jugements sans examen et sans appel, — tout en se plaignant avec âcreté de ces mêmes jugements quand on se trouve à son tour sur la sellette.

Certes, je ne crois pas que la justice légale, — la justice du Code et du Palais, — soit infaillible. Et cependant, de combien de lumières elle s'efforce d'éclairer ses jugements! de combien de garanties elle entoure *le prévenu!* — C'est une étude curieuse.

Si la rumeur publique signale qu'un crime a été commis, un juge d'instruction se transporte sur les lieux, accompagné d'un officier du ministère public. — Il constate et recueille les éléments du crime, lance des mandats d'amener, interroge, etc.

Quand les soupçons se sont fixés sur un individu, il est arrêté et interrogé. — S'il peut prouver manifestement son innocence, il est relâché; — sinon, le procès-verbal du juge d'instruction est envoyé à la chambre des mises en accusation, composée de membres de la cour d'appel, c'est-à-dire de la plus haute magistrature du pays. — Cette chambre délibère en présence du juge d'instruction, — et rend un arrêt qui remet le prévenu en liberté, ou l'envoie devant la cour d'assises si les soupçons prennent de la consistance.

Vingt-quatre heures avant les débats, toutes les pièces du procès sont envoyées au greffe de la cour d'assises par le procureur général; — le président étudie la cause, interroge le prévenu et lui assigne un défenseur d'office, s'il n'a pas fait un choix lui-même; il l'avertit, en outre, qu'il a cinq jours pour se pourvoir en cassation contre l'arrêt de mise en accusation. A partir de ce moment, le prévenu n'est plus au secret, et il communique librement avec son défenseur.

Le prévenu assiste aux débats ; — toute pièce, toute allégation contre lui est soumise à lui et à son défenseur. — Tous témoins répètent leur déposition devant lui, — et il la contrôle.

Le prévenu peut récuser une partie des jurés, — sans aucune raison à en donner.

L'accusé, ou son défenseur pour lui, a toujours le droit de porter la parole le dernier.

Ensuite, il faut au moins huit voix sur les douze pour que l'accusé soit déclaré coupable ; — sept voix le déclareraient coupable sur les douze qu'il serait acquitté et mis immédiatement en liberté.

Ce n'est pas tout : — si le prévenu est acquitté, nul ne peut appeler du jugement ; — s'il est condamné, il a trois jours pour se pourvoir en cassation.

Notez, en outre, quelques autres précautions accessoires. — Un officier du ministère public est accoutumé à jouer le rôle d'accusateur. — La loi lui défend d'instruire une affaire.

Le juge qui a instruit un procès ne peut siéger au jugement, non plus que celui qui a fait partie de la chambre des mises en accusation, — parce qu'il pourrait apporter à la délibération un jugement formé d'avance.

Après tout cela, il y a encore quelques tristes et célèbres exemples d'erreurs commises par la justice.

Eh bien! pour juger sans appel une cause qui intéresse l'honneur d'un homme ou d'une femme, il suffit d'une apparence douteuse, bien moins encore d'un *on dit*, — et on se fait un plaisir, presque un devoir, de propager l'accusation, la condamnation, et chacun se fait accusateur, juge et bourreau.

Ce qu'il y a de charmant en ceci, c'est que

les personnes qui admettent les plus faibles apparences comme des preuves contre les autres, veulent absolument faire passer les preuves acquises contre eux pour de frivoles et méprisables apparences, — et jettent les hauts cris qu'on n'ait pas pour eux l'indulgence aveugle quand ils refusent aux autres même la justice.

J'habite un petit hameau, où depuis quelques années des étrangers viennent, en nombre croissant, hélas! — prendre des bains de mer, — et je vois, de ce que je viens de signaler, des exemples fréquents et suffisamments comiques pour que je me croie le droit d'en citer au moins un, — sans craindre de trop ennuyer la personne pour laquelle j'ai fait ce chapitre. Après quoi, je reprendrai mon récit où je l'avais laissé il y a quatre ans.

Il arrive de tous côtés des personnes qui

se casent comme elles peuvent dans les auberges et les maisons particulières; — le plus souvent, les femmes sont seules avec des enfants et des domestiques, — ou les maris les amènent et s'en retournent à Paris. — Ceux qui restent vont passer leurs journées au Havre, — faire le tour des bassins, — lire les journaux, — marcher sur du pavé, etc.

Les femmes, d'abord, se rencontrent aux bains, à la promenade, etc., — mais *ne font pas connaissance ;* — chacun s'efforce seulement de *paraître* davantage aux yeux des autres, — mais on n'échange pas un mot, — fort rarement un salut.

Un jour, on signale une nouvelle arrivée, — une femme très belle ou très riche, — ayant un joli visage ou des robes chères.

Il semble alors voir des brebis qui tondaient un pré, chacune de son côté, — mais qui, entendant hurler un loup, se serrent toutes en groupe.

En effet, la femme plus belle ou plus riche que les autres, c'est l'ennemi commun.

Toutes ces femmes qui, la veille, ne se saluaient pas, deviennent alors charmantes les unes pour les autres. — Regardez bien ; l'amitié de deux femmes est toujours un complot contre une troisième. — Bonjour, madame, comment vous portez-vous? Et votre charmante petite fille?

— C'est de votre ravissant petit garçon qu'il faut parler, madame.

— Vous avez là une robe du meilleur goût.

— Je vous demanderai le patron de votre costume de bain, etc., etc.

L'alliance est faite. — Dès le lendemain, on se demande : Avez-vous vu la nouvelle arrivée?

D'un air dédaigneux :

— Oui.

— On la dit bien.

— Elle n'est pas mal, — mais je n'aime pas ces figures-là.

— Elle a l'air hardi, — ou l'air hypocrite, — ou l'air mijauré.

— Sait-on ce que c'est.

— On dit que c'est une comtesse.

— Oh! une comtesse? — Elle est bien polie. — Ça ne doit pas être une vraie comtesse.

Ou bien : Elle est avec son mari.

— Est-ce bien son mari?

— Je n'en répondrais pas, — il a l'air bien empressé.

Le lendemain on se dit : — Eh bien! la nouvelle arrivée, — *on dit* qu'elle n'est pas mariée.

— Ah!... ça ne m'étonne pas, le monsieur est reparti.

— C'est singulier.

— Mais votre mari est reparti aussi après vous avoir installée.

— Ah! mais moi, c'est bien différent; M'** joue à la Bourse, il a des affaires.

Et les histoires vont leur train. — Il faut donner des prétextes vertueux à l'envie que causent la jolie figure ou les belles robes. — Trois jours après, il est établi que la nouvelle arrivée n'est pas mariée ; — personne ne s'est montré son contrat de mariage, mais sont réputées légitimement mariées et vertueuses toutes celles qui entrent dans l'association tacite contre la plus belle.

— Lui avez-vous parlé?

— Qui, moi? Non vraiment, je ne parle pas à ces femmes-là.

— Connait-elle quelqu'un dans le pays?

— Elle se promenait hier avec un monsieur et une dame.

— Pauvre petite femme!

— Qui? la nouvelle arrivée?

— Non, la femme de ce monsieur.

— Pourquoi?

— Quoi! j'ai besoin de vous le dire, — vous ne voyez pas que ce monsieur est l'amant de la nouvelle venue, et que sa femme à lui doit être bien malheureuse.

— C'est vrai?

— On le dit.

— D'ailleurs c'est singulier de ne connaître que ce seul monsieur, on ne voit pas d'autre homme lui parler.

— On sait ce que ça veut dire.

Le lendemain on continue.

— Eh bien! elle a eu des visites toute la journée.

— Au moins quatre hommes, — c'est

sans gêne, — ces femmes-là ça connaît tout le monde.

— Oh! ça a bien vite fait connaissance.

— Recevoir ainsi du monde quand son mari est absent!

— Ce pauvre cher homme!

— Elle a voulu me parler, hier.

— Pas possible!

— Je lui ai à peine répondu, elle ne s'en avisera plus. — Mon mari ne serait pas content s'il me voyait faire de pareilles connaissances.

Le jour d'après :

— Voilà un aplomb! — Vous savez bien ce monsieur et cette dame avec qui elle s'est promenée l'autre jour?

— Oui. — Eh bien!

— Elle dit que c'est un cousin.

— Ah! ah! un cousin.

— On connait ces cousins-là.

— Il y a réellement des femmes bien effrontées.

— *On* dit qu'elle est entretenue.

Le jour d'après :

— Eh bien! *cette demoiselle,* — avec son cousin?

— Ne m'en parlez pas. — A quelle heure vous baignez-vous?

— Je ne me baignerai pas aujourd'hui, — j'attends quelqu'un, un ami de mon mari qui passe par ici... par hasard.

L'étrangère quitte le pays, — mais les autres femmes, une fois lancées, sont comme des chiens courants qui ont perdu une trace, — faute du cerf, elles se lancent sur un lièvre; — le venin élaboré pour le fugitif ne peut pas être perdu, — on se sépare en plusieurs hordes ennemies; — les *on dit* se croisent comme un feu de mousqueterie, — chacune de celles qui s'étaient montrées si sévères contre l'étrangère, — attend et reçoit tour à tour un beau-frère, — un cousin, — un parent, un ami, etc. — Elle s'exaspère qu'on tourne à mal les choses les plus innocentes ; — c'est affreux, — dit-elle, de juger ainsi sur les apparences.

Avant la fin de la saison, chacune a eu *son paquet*, — il vient un moment où il n'en reste que deux. — Pendant quelque temps, — elles disent du mal de toutes celles qui sont parties ; — mais il vient un jour où l'une des deux exhibe une robe neuve, ou est l'objet de l'attention d'un homme remarquable, — par sa place, sa fortune, ou une célébrité quelconque ; — alors elles ne tardent pas à ne plus se saluer, — et, faute d'un autre auditoire, — elles disent du mal l'une de l'autre à la femme qui les déshabille ou au maître baigneur. — Celle-ci n'a jamais été mariée, ou bien elle a fait mourir son mari de chagrin, — et d'ailleurs, elle serre si fort son corset qu'elle en devient violette. — L'autre a été actrice sur un petit théâtre, — ou cuisinière, elle s'est estropiée à force de se chausser juste.

Il faut bien aimer les femmes pour ne pas les détester!

— Où en étais-je de l'histoire de Raoul et de Marguerite, ma belle lectrice?

M'y voici.

XXVII

Suite de fort en Thème.

Des bruits étranges commencèrent à circuler dans le pays. — On se rappelle Léocadie, cette figurante du Cirque-Olympique qui était devenue obèse, et qui s'était fait épouser par M. Leroux, lequel était également assez gros, et maire du village. — Léocadie avait voulu faire connaissance avec Marguerite; Raoul, qui s'ennuyait quelquefois et allait volontiers jouer au billard chez M. le maire, n'avait pas su éluder cette tentative de Léocadie, — mais il avait trouvé Marguerite très résolue à ce sujet, et la tante Clémence avait été entièrement de l'avis de Marguerite.

Marguerite avait accepté la situation tout entière ; — Dieu, Raoul et la tante Clémence, savaient seuls tout ce qu'il y avait de noblesse, de dévouement, de générosité dans la vie qu'elle s'était faite.

Elle ne se croyait pas le droit d'exiger que tout le monde la comprît, — aussi elle ne voulait connaître personne, — elle ne voulait pas s'exposer aux impertinences de quelques drôlesses, qui avaient sur elle la supériorité de tromper un mari responsable; — elle ne voulait pas non plus se déclasser, — en voyant des femmes qui pouvaient être tombées, par des causes différentes, dans une situation extérieurement pareille à la sienne ; elle refusa de voir madame Léocadie Leroux ; — elle était du reste parfaitement heureuse entre Raoul et la tante Clémence, et ne désirait rien de plus.

Malgré les prétextes dont Raoul essaya de colorer le refus auprès de l'épouse de M. le maire, Léocadie se sentit blessée et devint pour Marguerite une ennemie mortelle.

— Un incident imprévu ne tarda pas à venir lui donner de terribles armes contre mademoiselle Hédouin.

Dans une maison à Paris, où ils passaient presque tout l'hiver, M. et madame Leroux entendirent annoncer un jour — madame Desloges. — Léocadie ne tarda pas à lui dire, plutôt pour parler des dignités de M. Leroux que dans tout autre but, que dans le hameau dont ledit M. Leroux, était le premier magistrat, il y avait un monsieur Desloges, — qui était peut-être parent de cette dame. — Esther, car c'était elle, fit quelques questions, — et après éclaircissements, — avoua, les yeux levés tristement au ciel, — que ce monsieur Desloges n'était autre que son mari, — lequel l'avait abandonnée pour vivre « avec je ne sais qui. »

— Quelle horreur! s'écria Léocadie, abandonner une femme aussi charmante que madame, — il faut que les hommes soient fous.

Aux questions d'Esther, Léocadie répondit qu'elle ne voyait pas la prétendue madame Desloges, — qu'elle s'était toujours doutée de quelque chose.

Esther cependant en apprit assez pour reconnaître Marguerite. La fuite d'Esther n'avait pas duré longtemps, — elle était revenue chez son père, où elle jouissait d'une grande liberté; elle avait son appartement à part et ses connaissances particulières, parmi lesquelles on eut bientôt établi que Raoul Desloges avait abandonné son irréprochable épouse, — en emportant une partie de sa fortune qu'il *mangeait* avec une concubine.

C'est à peu près ce que Léocadie rapporta dans la petite vallée. — Ces bruits ne tardèrent pas à circuler dans tout le hameau, et Marguerite, — qui était un peu plus que polie avec tout le monde, tant elle consentait à payer son bonheur, — fut obligée de s'apercevoir que Léocadie lui rendait à peine son salut dans la rue, — et un jour qu'elle réprimanda une servante, — celle-ci lui répondit : — Au moins, moi, je ne vis avec le mari de personne.

Marguerite s'enferma pour pleurer. — Elle réussit à cacher ses larmes à Raoul — mais pas à la tante Clémence. — Celle-ci se chargea de chasser la servante, qui entra deux jours après chez madame Léocadie, Leroux.

De ce jour, Marguerite ne sortit plus, — pour ne rencontrer personne ; — le dimanche seulement elle allait à la messe ; — mais un dimanche une personne étrangère était dans le banc de monsieur le maire. — Marguerite ne la vit pas d'abord, — elle allait à l'église pour prier Dieu et n'y faisait pas autre chose.

La religion de la plupart des femmes consiste surtout en ceci :

Le dimanche est un jour où on se lève plus tôt que de coutume pour se mettre de la pommade, se friser et se parer, de façon à attirer la pieuse attention des fidèles, parmi lesquels on reste assise pendant une couple d'heures, — pour être admirée des unes et critiquer les autres.

Dans les autres bancs on chuchottait, et les regards se reportaient de Marguerite sur l'étrangère avec tant d'opiniâtreté, que Marguerite fut obligée de la regarder et reconnut Esther ; au premier moment elle sentit un froid mortel arrêter la vie dans ses veines, — puis elle pria avec ferveur, — et offrit à Dieu un examen de sa conscience. — Mon Dieu ! — dit-elle, — est-il juste que je m'humilie devant cette femme ? — Pour elle, — pour réparer son honneur qu'elle se vantait d'avoir perdu, — j'ai sacrifié volontairement le bonheur de toute ma vie ; je lui ai fait épouser Raoul, — et je me suis condamnée à l'isolement et aux larmes ; — quand elle a eu abandonné et trahi cet homme, quand elle l'a laissé, — blessé, mourant dans une auberge, — je suis allée le soigner et le recueillir, — je lui ai consacré ma vie, j'ai renoncé à la réputation, à la considération; — laquelle de nous deux a fait son devoir ?

Marguerite sans doute sentit dans son cœur une réponse encourageante, car, — la messe finie, — elle traversa l'église et la foule qui la regardait, — calme et sereine, — les yeux limpides et doucement assurés, — pas plus baissés que de coutume, — et sans le moindre embarras.

Esther était venue passer la journée chez Léocadie avec laquelle elle s'était liée, — et avait espéré humilier Marguerite; — il est vrai qu'elle l'avait perdue dans l'opinion des autres; — mais Marguerite ne vivait pas dans l'opinion ni pour l'opinion. Raoul et la tante Clémence étaient le monde entier pour elle.

Le soir, un monsieur, — que Esther présenta comme un ami de son père, — vint la prendre et la ramener à Paris. — Quand elle fut partie, Léocadie Leroux dit aux autres femmes qui se trouvaient chez elle :

— Une pauvre petite femme bien intéressante, — si jolie, — si charmante, et abandonnée par ce Desloges, — qui mange son bien avec une autre femme ; — et la conversation sur ce sujet remplit le reste de la soirée municipale.

Marguerite, que la tante Clémence voulut consoler, — lui fit voir à nu toute la sérénité de son âme, — seulement il fut convenu entre les deux femmes qu'elles n'iraient plus à la messe ; — et le dimanche suivant, — toutes deux seules — dans le jardin, — Marguerite se mit à genoux — et dit : O mon Dieu ! permettez-moi de ne plus aller vous adorer dans les temples de pierres bâtis par la main des hommes, permettez-moi de vous prier — sous cette belle coupole bleue qui forme votre ciel, — sous ces arbres frais et embaumés dont vous avez fait la parure de la terre, — au milieu de ces trésors gratuits que vous avez donnés à l'homme, — le parfum des fleurs remplacera l'encens de l'église, — et mon âme montera jusqu'aux pieds de votre trône, — avec ce parfum et avec le chant des oiseaux.

Puis les deux femmes prièrent ensemble, — et, leur prière finie, s'embrassèrent tendrement.

La vie de Marguerite et de Clémence fut un peu plus renfermée que jamais.

Raoul avait imaginé une singulière folie, — ou du moins son imagination l'avait acceptée. — Mandron, qui lui avait dit à propos de la lettre de change que l'affaire était arrangée, et auquel il n'en avait pas demandé plus long. — Mandron lui dit :

— Tu as eu tort de faire une tragédie ; — le siècle n'est plus à la haute littérature ; —

il faut être de son siècle. — Un bon gros mélodrame bien ronflant ne te mènerait pas si sûrement au temple de mémoire, mais il te mènerait à celui de la fortune. Il faut faire un mélodrame, c'est l'affaire de quelques jours, et nous le ferons jouer. — Depuis que j'ai cessé avec tant d'éclat de collaborer au journal que j'avais fondé avec l'ex-flot Alexandre, et que cet imbécille avait déshonoré, — je me suis glissé dans quelques autres feuilles, où je suis à l'affût des moments où il manque dix lignes. — Je trouverai bien moyen de glisser une note sur ta tragédie et sur ton mélodrame. — Puis je verrai les directeurs. — Travaille, — et reviens dans huit jours avec ton drame terminé.

En effet, — Raoul retourna à la campagne et se remit à l'œuvre. Ce nouveau produit de sa muse ne m'est pas parvenu. — D'ailleurs, je n'avais pas l'intention de vous le réciter. — Voici seulement ce que j'en ai su d'une manière certaine. — C'était, sous tous les rapports, très-inférieur à la tragédie.

La tragédie n'était déjà pas trop bonne, mais elle avait cependant une certaine sève de jeunesse, qui manquait tout à fait au drame nouveau. — Raoul avait mis tout ce qu'il savait et tout ce qu'il avait dans *les Esclaves*. — il n'avait rien vu et rien appris depuis, — et il n'était plus amoureux.

Cependant il ne tarda pas à recevoir un journal dans lequel il trouva cette note :

« Notre jeune et déjà célèbre Raoul Desloges met, dit-on, la dernière main à un drame. Il abandonne les hauteurs du Parnasse où l'avait placé d'un premier bond sa belle tragédie des *Esclaves*, — pour en cotoyer la base. — Si les plus beaux talents sont obligés ainsi d'abandonner l'art pour le métier, il faut s'en prendre à l'impéritie d'un gouvernement sans entrailles, qui ne sait pas offrir d'appui au talent jeune et vivace. — Le libraire *** met en vente la deuxième édition de la tragédie de Raoul Desloges. — Les directeurs de trois théâtres du boulevard se disputent l'œuvre nouvelle. — On ne sait encore quel sera l'heureux possesseur du drame de Raoul Desloges. »

Raoul relut plusieurs fois ce curieux paragraphe, — et quoiqu'il sût qui en était l'auteur, — quoiqu'il reconnût la main complaisante de Mandron, — cet éloge imprimé lui monta à la tête.

Il écrivit à Calixte pour lui demander s'il était vrai qu'on fît une seconde édition de sa tragédie. — Mandron lui répondit : — Jamais on ne fait de seconde édition d'une tragédie. — Par un procédé de mon invention, qu'il serait trop long d'expliquer dans une lettre, le libraire a vendu quatorze exemplaires de ton œuvre. — Je l'ai engagé à faire les frais de couvertures nouvelles sur lesquelles on a mis : deuxième édition. — Tu es bien naïf de ne pas deviner cela. Pourquoi ne demandes-tu pas également les noms des trois directeurs qui se disputent ton mélodrame ?

Raoul fut un peu désorienté de ces révélations. — Néanmoins il relut le paragraphe, — et se dit : — J'y ai été trompé, les lecteurs de ce journal le seront plus facilement encore que moi. — Ce journal a dix mille abonnés, — chaque numéro d'un journal passe dans dix mains avant d'être détruit, — cela fait cent mille personnes qui vont lire ceci. — Qu'est-ce que la renommée et la gloire, si ce n'est pas cela ?

Et tout éventé qu'il était, l'encens vertigineux monta de nouveau à la tête de Raoul et le grisa encore. — Il se remit avec ardeur à l'ouvrage, — et travailla plusieurs fois jusque fort avant dans la nuit.

La tante Clémence le prit à part et lui dit :
— Mon cher Raoul, — pourquoi veillez-vous ainsi? — J'ai vu de la lumière dans votre chambre presque toute la nuit. — Etes-vous malade?

— Non, chère tante, — Je travaille.

— Et pourquoi travaillez-vous avec tant d'opiniâtreté? — Est-ce pour le travail lui-même ou pour les résultats? — Pour ce qui est des résultats, — notre vie est si simple que le petit revenu de Marguerite nous suffit à tous trois. — Peut-être voudriez-vous apporter votre part dans la maison, — ou désireriez-vous un peu plus de luxe autour de nous? — Alors donnez un autre but à votre travail, car je vous soupçonne fort de faire des vers. — Voulez-vous que je m'occupe de vous trouver ici quelques leçons? — Dans l'été, il y a des enfants auxquels les parents sont fâchés de voir discontinuer leurs études. Aimez-vous mieux que je vous cherche à Paris — quelques écritures à faire, quelques manuscrits à copier?

— Je ne fais plus de vers, chère tante, mais néanmoins le travail auquel je me livre est de ceux aux résultats desquels vous ne croyez pas. — Il y a cependant de grandes fortunes faites au théâtre, — et ces fortunes ont eu un commencement.

La tante Clémence ne répondit rien.

— Vous ne dites pas, — vous ne voulez pas me dire : Ceux qui ont fait ces grandes fortunes avaient du talent. — Je vous réponds : C'est vrai. — Mais qui vous dit que je n'en... aurai pas? Les personnes qui vous voient tous les jours ne vous croient jamais du talent que quand elles en sont averties par les applaudissements du dehors. — Je n'ai fait encore qu'une tentative : — ma tragédie, non destinée à la représentation, — sans obtenir un de ces succès bruyants — qui sont quelquefois dus à l'intrigue et au savoir-faire, — a obtenu un succès d'estime. — Et tenez, je vais voir si je n'ai pas brûlé un journal qui en dit quelques mots.

Raoul disparut un moment, — moment que la tante Clémence employa à joindre les mains et à lever les yeux au ciel. Il ne tarda pas à revenir avec le fameux journal à la main. — Je l'ai retrouvé par le plus grand des hasards, dit-il, — dans un coin où je l'avais jeté.

La tante Clémence lut le paragraphe et dit : On va donc jouer un drame de vous ?

— C'est précisément ce drame que je suis en train de terminer?

— Et trois directeurs se le disputent?

Raoul rougit un peu et dit : *On* m'a fait faire des propositions par un de mes amis.

En même temps Raoul froissait et chiffonnait le journal, — comme l'on fait d'un morceau de papier que l'on va jeter au feu. — Mais la tante partie, il le déplia, — le relut deux fois, et le serra soigneusement dans sa poche.

Voici le procédé dont s'était servi Calixte Mandron pour faire vendre quatorze exemplaires de la tragédie de Raoul.

Alexandre et Calixte se brouillaient et se raccommodaient suivant les circonstances. — Il s'en présentait parfois où l'un des deux avait besoin de l'autre, — et, dans ce cas, François, l'ancien portier, — se chargeait d'opérer la réconciliation. — Un jour qu'ils se trouvaient tous trois ensemble, ils échouèrent dans toutes leurs tentatives pour se procurer un dîner digne d'eux. — Les quittances du *Scorpion* n'avaient pas été acceptées. Calixte, — se voyant surveillé, — n'osait plus aller quêter pour des frères d'armes malheureux. — Tout-à-coup celui-ci s'écria : J'ai une idée.

— Rôtie ou bouillie ? demanda Alexandre.

— Ni l'un ni l'autre, — mais une idée au moyen de laquelle nous ferons rôtir ou bouillir ce que nous voudrons.

— Voyons l'idée.

— La voici. — Comme tu es bien mis, viens avec moi. — Tu ne parleras pas, mais ton aspect me donnera de la considération.

Ils allèrent chez le libraire qui avait imprimé les *Esclaves,* et Calixte lui dit : Vous n'avez rien vendu ?

— Non.

— Eh bien, vous allez vendre. — L'auteur a un drame reçu. — Tout le monde s'attend à un grand succès. — Son nom connu fera vendre la tragédie. — Mais il faut changer les couvertures et annoncer la seconde édition. — Je me charge d'en parler dans un journal influent. — M. Desloges, du reste, fera tous les frais de ce changement de couverture.

— Oui, cela peut bien faire. — Mais vous m'aviez promis qu'il prendrait un grand nombre d'exemplaires, — et il n'en a encore pris que trois, qui, entre parenthèses, ne m'ont pas été payés.

— Voyez l'injustice des hommes ! — Vous vous plaignez en ce moment, — et savez-vous ce que je viens faire ? — Je viens précisément vous demander quatorze exemplaires pour M. Desloges. —Vous lui en enverrez la note en y joignant les trois déjà pris, et les frais du changement de couverture de la tragédie.

— A la bonne heure, — si toutefois il ne se borne pas à ce nombre d'exemplaires.

Une demi-heure après, François était venu prendre quatorze exemplaires marqués chacun 7 fr. 50 c., et les amis, après les avoir vendus tous pour 7 francs, étaient allés dîner au Palais-Royal à 40 sous par tête.

Peu de jours après, on avait envoyé au libraire la fameuse note du journal, et on avait pris vingt exemplaires qui avaient eu le même sort.

Raoul ne fut pas longtemps sans connaître le débit extraordinaire de la tragédie et sans en soupçonner les causes. — Il reçut une note du libraire ; cette note se montait à un peu plus de trois cents francs, — en y comprenant les nouvelles couvertures de la deuxième édition des *Esclaves*, tragédie en trois actes, non destinée à la représentation, par Raoul Desloges.

Un autre désappointement plus grave ne tarda pas à se manifester ; — on continua à réclamer le paiement du billet de quinze cents francs, malgré celui de seize cents que Raoul avait donné en échange; il alla chez Calixte. — Celui-ci lui demanda sa procuration et se chargea d'arranger l'affaire. — En effet, — quand on appela l'affaire au tribunal de commerce, Calixte demanda et obtint — selon l'usage — un délai de vingt-cinq jours. — Raoul, n'entendant plus de réclamations, ne songea plus au billet.

— Nous avons eu tort, dit Calixte Mandron, de nous tant presser de faire imprimer ta tragédie. — Avec les quinze cents francs que ça nous a coûtés, nous aurions pu fonder certain journal, — mais là, — ce que j'appelle fonder, — et aujourd'hui nous serions redoutés dans la librairie et dans les théâtres; — au lieu de demander nous ordonnerions. — Pour quinze cents francs, — je crois bien! on aurait forgé, fourbi et amorcé une jolie petite escopette, — au moyen de laquelle tout ce qui aurait passé sur les grandes routes de la littérature et de l'industrie nous aurait payé un honnête tribut.

— Joli métier, dit Raoul, que celui que tu faisais avec ton ami Alexandre, — du temps de la splendeur du *Scorpion*.

— Le métier que font certains autres journaux, — mon honorable ami, — depuis celui qui répand chaque matin la calomnie pour faire arriver son candidat à la présidence ou au ministère, — c'est-à-dire pour entrer à sa suite dans la ville conquise, et la livrer au pillage, jusqu'à celui qui reçoit sa part de toute entreprise industrielle pour la louer, et qui la dénigre si les offres sont insuffisantes, — ce qui n'est pas dire que le même ne cumule pas les deux industries. La seule différence — entre ces feuilles-là et le *Scorpion*, — c'est que le *Scorpion* étant moins puissant, c'est-à-dire pouvant moins attendre, — c'est-à-dire débitant ses mensonges à une assemblée moins nombreuse, — ne peut, comme eux, attendre qu'on vienne le trouver à sa boutique, et qu'on lui offre. — Moins fort, il doit crier plus haut; — il demande et exige.

Mais avec quinze cents francs ! c'était notre fortune assurée. — Il va sans dire qu'Alexandre serait resté étranger à l'administration, autant qu'à la rédaction ; — il a beaucoup contribué à compromettre le *Scorpion*, mais je n'abandonne pas l'idée d'un nouveau journal, — j'ai un bon titre : — la *Gazette noire* ;

— c'est un titre assez inquiétant, ce me semble, — ça a l'air chargé. — Penses-y, nous ne descendrons plus à ces honteux petits détails où la misère avait réduit le *Scorpion*, — et tu verras si les directeurs de théâtre ne viennent pas te demander, que dis-je! te commander des pièces.—Personne n'aurait désormais d'esprit et de talent que nous, tout ce qui paraîtrait serait *abîmé* et *éreinté* sans pitié. — Tu verrais la *considération* qu'on nous *montrerait!*

Au bout de vingt-cinq jours, on recommença les poursuites. Raoul eut encore recours à Mandron, — mais il est plus de huit jours sans pouvoir le rencontrer. — Alors, Mandron lui avoue qu'ils ont été victimes de la fourberie de l'usurier qui a escompté les lettres de change et qui n'a pas rendu la première et exige le paiement des deux. Il faudrait lui faire un procès en escroquerie, —

mais comment prouver le vol? — ces gens-là sont tous si adroits, ils savent si bien se mettre en règle !

— Mais que faire ? dit Raoul.

— Obtenir vingt-cinq jours encore quand la seconde échoiera, — tâcher d'avoir un peu de temps pour la première de la bienveillance du créancier, — et puis on aura bien d'ici là vendu quelques exemplaires de la tragédie, ou tu auras fini ton drame ; — je vais aller chez le détenteur des billets, — je vais arranger ça ; — attends-moi au Palais-Royal dans une heure. — Nous dînerons et nous aviserons.

Calixte revient en effet au bout d'une heure, — il n'a trouvé personne, il y retournera le lendemain. — On dîne, — aux frais de Raoul naturellement.

Le surlendemain Raoul reçoit une lettre de Calixte. — impossible de rien obtenir, —

cet homme est un tigre ; il faut que Raoul s'arrange pour payer, mais s'il veut faire la *Gazette noire*, on ne tardera pas à avoir réparé cette brèche. Calixte Mandron est *désolé*, — il regrette que les *circonstances* ne lui permettent pas de venir au secours de son ami.

Raoul désespéré va voir lui-même le créancier ; — on lui donnera un peu de repos jusqu'à l'échéance de la seconde lettre de change, — mais alors il n'y aura plus de répit si les deux ne sont pas payées.

Raoul veut parler du premier titre indûment conservé, — on lui prouve que Calixte a touché le montant des deux effets, — qu'il ne les a pas fait escompter par la même personne, et que c'est par hasard ou par des raisons particulières qu'ils sont tombés dans la même main.

Raoul cherche en vain Mandron, — Mandron a délogé. Il s'enferme et termine son drame, et le porte au directeur du théâtre de la Gaîté. — Mais l'échéance du second billet arrive, — les jours se passent, — les huissiers apportent du papier timbré. Raoul est désespéré, — il n'a aucun moyen de résister; — par moments, — il veut tout dire à Marguerite, — mais il se rappelle le peu de cas qu'elle et la tante Clémence font de ses vers; — il se rappelle combien leur paraîtra ridicule et odieux d'avoir dépensé une pareille somme au profit de sa vanité, car avec la réclamation du libraire et les frais, il faudrait payer plus de quatre mille francs.

Alors il recule devant cet aveu. — La vie est pour lui un affreux supplice; — s'il pouvait trouver Mandron, il l'étranglerait ou le forcerait de le tirer de la position où il l'a jeté.

C'était l'automne. — En cette saison, la

nature est si riche, que la Fable n'a rien pu exagérer de ses magnificences ; — Si la Fable parle des fruits d'or du jardin des Hespérides, — cela ne dit pas grand'chose à l'esprit, — quand on regarde de quelles admirables couleurs se décore un jardin. Les ypréaux, — les peupliers blancs, ont les feuilles blanches dessous, jaunes dessus, et le moindre vent agite et mêle leur cime d'or et d'argent ; les feuilles des sumacs sont d'un rouge de laque, — celles des érables orange. — Les houx, les verglandiers, les sorbiers, ont des fruits écarlates comme le corail, — les aubépines et les azeroliers rouges comme le grenat ; — les coings sont jaunes ; — les baies du buisson ardent sont d'un orange vermillon. Dans le parterre, les marguerites sont en fleurs, les chrysanthèmes commencent à fleurir.

J'allais ne pas parler des dahlias. Aucune

fleur n'a des couleurs aussi variées et aussi éclatantes : — on ne pourrait s'en passer dans un jardin, — on l'admire, mais on ne l'aime pas ; — il est cent fleurs moins éclatantes, et dans lesquelles de charmants souvenirs se sont réfugiés et restent vivants, — s'épanouissant chaque année avec les fleurs sous les baisers du soleil. Les uns riants, les autres tristes sans être moins charmants, comme les dryades dans les chênes, — comme la cétoine, émeraude vivante dans les roses blanches.

Est-ce que l'aubépine, la pervenche, — la violette, — la rose simple des haies, — la giroflée des murailles, ne sont pas des amies ?

Peut-être n'est-ce que pour les hommes de mon âge que le dahlia est une fleur muette, — sans souvenir comme elle est sans odeur. J'ai vu les premiers dahlias dans ma première jeunesse, ils ne se mêlent à aucun de mes premiers souvenirs, — tandis que je sais quel jour je me suis écorché les mains pour cueillir une branche d'aubépine, — quel jour j'ai gravi ce vieux mur en ruine pour rapporter une giroflée ; — je me rappelle avec qui j'ai tant cherché dans les bois ces églantiers que les botanistes appellent rubigineux et les Anglais *brewer;* — je sais encore aussi où se desséchèrent certaines violettes que l'on me rendit.

Peut-être la génération qui me suit aime-t-elle les dahlias. La meilleure preuve que je n'aime pas les dahlias, c'est que j'aime à en avoir de nouveaux, que je jette sans pitié ceux de l'année dernière, si on m'en apporte de mieux faits de la même couleur.

Tandis que tous les ans, — quand refleurissent mes rosiers, je les aime davantage ; — je sais depuis combien de temps celui-ci est entré dans mon jardin, — combien de fois celui-là y a épanoui ses splendides corolles et y a répandu ses parfums. — Ceux que j'ai depuis plus longtemps sont ceux que j'aime le mieux.

Clémence et Marguerite qui ne sortent plus, — qui n'aiment plus que ce qui est entre les murailles du jardin, — s'occupent de leurs fleurs. — Il s'agit de replanter les oignons de jacinthe et de tulipe, — il faut préparer son printemps; — toutes deux travaillent avec ardeur, et quelquefois fredonnent une valse ou une romance.

Raoul les regarde à travers les vitres d'une fenêtre, — il ne travaille pas au jardin, — lui, — il n'y travaille pas, — il sait que dans quelques jours la maison et le jardin seront vendus, que tous trois en seront expulsés.

Il a voulu détourner Marguerite et la tante Clémence d'y travailler, — mais il n'a pu prendre le courage et la force de leur dire l'affreuse vérité. — Hier il leur a proposé une promenade, — mais aujourd'hui elles ont déclaré qu'elles ne dîneraient pas qu'elles n'aient planté leurs beaux oignons à fleurs.

En les voyant ainsi planter avec tant de soins ces oignons qu'elles ne verront pas fleurir, — préparer pour d'autres de riches plates-bandes, — Raoul ne peut retenir ses larmes, il voudrait descendre et leur dire ce qui va arriver, — tout briser dans ce jardin qu'il a planté, — et dire aux deux femmes : Allons-nous-en.

Mais elles sont si gaies, si heureuses en ce moment, elles jouissent si bien déjà des belles couleurs et des suaves parfums que leur promettent les oignons qu'elles plantent, — qu'il se dit : Il sera temps demain de leur apprendre tout, — il sera temps quand je ne pourrai plus le leur cacher ; — pourtant il voudrait voir de la pluie, du froid, quelque chose qui les empêcherait de descendre au jardin, d'y planter, d'y semer.

Marguerite l'appelle, — elles sont embarrassées pour planter des anémones correctement, — *l'œil en dessus*. — Il répond brusquement qu'il est occupé, — puis il change d'idée, — il se rafraîchit les yeux avec de l'eau, — il embrasse les deux femmes, — il les aide, — il plante avec elles. — Ses doigts crispés écrasent quelques pattes d'anémones.

Sa préoccupation n'a pas échappé à Marguerite et à Clémence ; quand elles sont seules, — elles en cherchent les causes, — est-ce qu'il s'ennuie ? — Non, ce n'est pas de l'ennui que trahissent ses traits amaigris, — ses yeux enflammés, — c'est une tristesse profonde. — Est-ce le chagrin de voir ses vers naître et mourir inconnus ?

Elles passent tout en revue, — elles l'aiment tant toutes deux, il leur paraît assuré qu'elles dissiperont son chagrin, — il ne s'agit que de le connaître.

Toutes deux le prennent à part, — mais ni l'une ni l'autre n'obtient de confidence ; — il est un peu malade, — ça ne sera rien, — ça se passera.

Puis il les quitte, — ébranlé, — attendri, — il va s'enfermer dans sa chambre.

Il se passe quelques jours pendant lesquels Marguerite et Clémence n'ont pas d'autre pensée que de découvrir le sujet de cette douleur amère qu'il peut leur nier, mais non leur cacher. Il va à Paris deux jours de suite, il va voir le créancier possesseur des lettres de change. — Il le prie d'attendre, — de consentir à un nouveau renouvellement. —

Pendant ce temps-là il travaillera, s'il le faut, à la terre ; mais l'autre finit par lui avouer qu'il n'est qu'un prête-nom, que la créance appartient en réalité à un autre, — que cet autre est un ancien négociant fort riche et *qui fait l'escompte*, — que les risques sont grands, — qu'il exige un peu plus que l'intérêt légal, — et que pour éviter les mauvais tours que l'envie et la malveillance pourraient vouloir lui jouer, car il ne paraît jamais dans les affaires et n'est jamais en nom, il veut bien en référer au vrai créancier; mais il ne donnera à Raoul ni son nom ni son adresse, — il ne veut absolument pas être connu. — Il suffirait quelquefois d'un méchant esprit, voyant mal les choses, pour donner au procureur du roi de mauvaises impressions contre lui, et un magistrat un peu sévère pourrait quelquefois le troubler dans ses petites habitudes, et mal interpréter la façon dont il fait travailler un pauvre capital, qui sans cela courrait risque de s'ennuyer : rien ne s'ennuie comme de l'argent au fond d'un tiroir.

Raoul revient le lendemain pour avoir la réponse du négociant ; — celui auquel il parle n'a rien pu obtenir. Raoul cherche partout Calixte Mandron pour le tuer, — mais cette consolation même lui est refusée. — On ne sait nulle part ce qu'est devenu Calixte. — Il est probable que ce n'est pas seulement pour éviter Raoul qu'il se cache. — Alexandre, l'ex-flot du Cirque-Olympique, croit qu'il a quitté Paris.

C'est dans dix jours que l'on doit vendre la maison. — Raoul cherche en vain autour de lui, rien ne peut le sauver. Il retourne à la campagne, il rentre tard exprès, — il feint d'être fatigué et se réfugie dans sa chambre. — En effet, que dire à ces deux pauvres femmes ? S'il est triste, elles vont l'accabler encore de questions si touchantes, qu'il a peine à retenir son secret et ne peut retenir ses larmes; — s'il affecte de la gaîté, s'il réussit à les rassurer, à quoi bon? pour les faire retomber de plus haut dans quelques jours. Le lendemain il reçoit un nouveau papier timbré; celui-ci est au nom du libraire. — Il a obtenu un jugement qui condamne Raoul à lui payer à peu près quatre cents francs; s'il ne paie pas, le jugement porte qu'il ira en prison. — Tout est conjuré contre lui, — une lettre du directeur du théâtre de la Gaîté lui dit que beaucoup de pièces étant à l'étude en ce moment, il lui est impossible d'accepter son drame, et qu'on le tient à sa disposition.

Le lendemain, à la fin du jour, on lui apporte une des affiches annonçant la vente de la maison, que l'on doit apposer sur la porte. — Il la déchire en fureur, — et parcourt le village, où il en trouve deux, que l'on a déjà placées : — l'une sur la porte de l'église, l'autre sur la maison de M. Leroux, le maire. Il retourne le soir les arracher, mais à quoi lui sert cette puérile résistance ? — Les affiches arrachées seront bientôt remplacées par d'autres, — et affichée ou non, la maison ne sera pas moins vendue dans huit jours. — Il sort dès le jour, pour aller — tenter encore une fois d'obtenir un sursis.

Pendant ce temps, Clémence et Marguerite ont pris le parti violent de faire une perquisition complète dans les papiers de Raoul; — à force de chercher, elles finissent par découvrir la vérité. — D'abord, elles restent stupéfaites, mais elles ne tardent pas à prendre un parti ; — il faut payer ses dettes. — La tante Clémence va à la ville, — avec une procuration de Marguerite. — On charge un agent de change de vendre une grande partie des rentes qui restent à mademoiselle Hédouin; — cette opération exige deux jours. — Il ne restera pas à Marguerite certainement de quoi soutenir le petit ménage, — mais elles pensent toutes deux que cette leçon sera très sévère pour Raoul, — qu'il va se décider à faire autre chose que des vers; qu'on lui trouvera une place ou un emploi, — et que tout ira le mieux du monde.

Clémence veut qu'on ne lui parle de rien que tout ne soit fini. — Hâtons-nous donc, réplique Marguerite, car il souffre, il est malheureux, — je ne puis garder plus longtemps un secret dont la révélation va rendre la sérénité à son âme.

Elles vont toutes deux à la ville, — Marguerite seule pouvant toucher l'argent; — elles se sont procuré, dans leur grande perquisition, les adresses des deux créanciers de Raoul. — Elles vont d'abord payer le libraire, — puis l'autre; — où elles apprennent de celui qui sert d'écran au véritable usurier, que celui-ci n'est autre que M. Seeburg, le père d'Esther, — et qu'il est poussé dans la guerre qu'il fait à Raoul, autant par la haine que par l'intérêt. — Aussi fait-on toutes sortes de difficultés pour recevoir l'argent, — mais enfin on se décide; la tante et la nièce rentrent à la maison, — heureuses et fières, — et emportant toutes les quittances. — Où est Raoul? Il n'est pas sorti de la journée, répond la servante, — il s'est tenu renfermé dans sa chambre; — il est probable qu'il est au fond du jardin dans le petit kiosque où il se repose très souvent, — ou qu'il sera sorti par la petite porte du jardin qui donne sur la campagne.

— Tant mieux ! nous aurons le temps de faire nos préparatifs avant l'heure du dîner.

C'est en effet le jour de naissance de Raoul ; — la table est ornée de fleurs, — la servante a fait un gâteau, — les quittances seront le bouquet de la fête, — on les met sous sa serviette, — c'est la première chose qu'il verra en se mettant à table : — tout bien préparé, — elles attendent avec impatience son retour : — Pourvu, dit Marguerite, que l'émotion ne soit par trop violente et ne lui fasse pas de mal.

Voici l'heure du dîner, Raoul n'est pas rentré, — on sonne une petite cloche qui d'ordinaire appelle aux heures de repas ceux qui sont dans le jardin. — Il ne vient pas, c'est qu'il est allé faire une promenade plus longue. — Il est six heures et demie, il ne vient pas.

A sept heures, Clémence et Marguerite, harcelées par la servante, prennent le parti de faire servir le dîner, — mais elles sont préoccupées et mangent à peine.

D'ordinaire il est assez exact pour le dîner. — Après avoir fait durer le repas autant que possible, après s'être interrompues dix fois au moindre bruit, en disant : Le voilà ! les deux femmes font desservir, mais en laissant sur la table le couvert de Raoul et les fleurs et les quittances sous la serviette.

Peut-être est-il allé aussi à Paris et aura-t-il été retenu ; peut-être toutes nos ruses vont être déjouées. Il aura tout appris à Paris.

— N'importe, dit la tante Clémence, d'aujourd'hui seulement datera notre bonheur. — Raoul ne s'avisera plus de se ruiner pour faire imprimer ses vers, — il va haïr les vers, et descendant à la prose, — chercher ou accepter, — car je me charge de trouver une occupation utile.

Il est huit heures, Raoul ne rentre pas.

On fait de nouvelles questions à la servante, elle répond de nouveau que Raoul est resté toute la journée à la maison, que du moins elle l'a vu plusieurs fois à des heures différentes, — mais que cependant il peut aller au jardin et du jardin dehors sans qu'elle l'aperçoive.

Neuf heures, dix heures arrivent, pas de nouvelles de Raoul. Clémence et Marguerite ne se disent plus rien. Chacune ne conçoit que des inquiétudes et ne veut pas augmenter celles de l'autre. — La tante Clémence même s'efforce d'établir qu'il peut y avoir mille causes pour que Raoul rentre tard, — peut-être même ne rentre pas du tout. — Marguerite lui serre la main pour la remercier, mais ne répond pas. On fait coucher la servante. — A minuit elles se couchent elles-mêmes, — mais dans le même lit. — Elles ne dorment pas ; elles pleurent, s'embrassent et prient.

La nuit se passe ainsi tout entière. — Les oiseaux annoncent le jour, — dont les premières lueurs ne tardent pas à paraître. Elles se lèvent. — Marguerite reste assise, anéantie. — On entend une voiture. — Ah! le voilà peut-être, dit Clémence. — Ah! je vais bien le gronder de nous laisser dans une pareille inquiétude. Tu feras bien de le gronder, ma tante, — car moi je serai si heureuse que je n'y penserai seulement pas.

Mais la voiture ne s'arrête pas, — peut-être le cocher se trompe ; mais non, le bruit décroît, s'éloigne et s'éteint. — Clémence ne peut tenir en place. — Marguerite n'a pas la force de se lever. — Clémence va dans le jardin, reste quelques instants absente, puis rentre pâle, les yeux égarés, — tombe assise.

Marguerite — se lève : — Qu'as-tu ? quel malheur sais-tu.

Mais Clémence ne peut parler. — La plus profonde terreur hébète ses regards — et étouffe sa voix. — Marguerite appelle sa servante, — lui confie sa tante, veut aller au jardin voir ce qui a si fort épouvanté Clémence. — Mais celle-ci fait un effort surhumain, — se lève, prend sa nièce par le corps, — et s'écrie, — N'y vas pas ! — Marguerite, au nom du ciel, n'y vas pas ! — Aidez-moi, Ursule, — ne la laissez pas aller au jardin.

— Oh ! s'écrie Marguerite, — Raoul est mort.

— Du courage, — ma douce, ma pauvre Marguerite, du courage !

— Eh bien ! je veux le voir, — où est-il ?

— Reste, — reste.

— Je veux le voir, dit Marguerite, — pâle et froide, et si résolue qu'Ursule et sa tante la suivent sans oser la retenir. — Mais Clémence reprend un peu de force, — elle prend sa nièce dans ses bras, — veut encore la retenir. — Attends! je vais te dire tout.

— Raoul est mort, — n'est-ce pas?

— Pourquoi affliger tes yeux d'un affreux spectacle. — Les hommes ne peuvent plus rien pour lui.

Marguerite ne répond pas, — mais s'élance, et guidée par un triste instinct, — elle entre dans le kiosque du jardin, — où elle voit le cadavre de Raoul.

Elle tombe à genoux, — pose sa main sur son front, — sur sa poitrine ; — il est mort, — tout est froid, son cœur ne bat pas.

Clémence, — d'ailleurs, quand elle l'avait découvert, — avait eu le courage — de dénouer la corde, — car le malheureux s'était pendu, — et de chercher tous les signes d'une existence encore cachée comme le feu sous la cendre ; — mais la mort remontait déjà à sept ou huit heures, — et c'est seulement quand elle fut convaincue qu'il était mort que Clémence s'était abandonnée à la terreur qui l'avait fait s'enfuir. Marguerite ne dit pas un mot, ne verse pas une larme, — elle reste à genoux, — et prie. — Bientôt elle se lève, — il ne faut pas que son pauvre corps reste là. — Mais Ursule n'ose toucher le pendu, — d'ailleurs elle croit d'après le préjugé répandu dans les campagnes, — que Clémence a agi contre la loi en coupant la corde. — Clémence et Marguerite ne peuvent le porter ; — on envoie Ursule — chercher le jardinier. — Elle l'envoie et court prévenir le maire, — dans la crainte d'être compromise. On porte le cadavre dans sa chambre, — on le met dans son lit, — Marguerite — s'assied près du lit, — reste les yeux fixés sur lui, — et ne prononce plus une parole, — n'entend rien, — ne répond à rien ; elle est anéantie, — elle ne s'occupe de rien de ce qui se passe. — Le maire et un médecin viennent constater le décès, — on veut lui adresser quelques paroles de condoléance, — on ne les achève pas, tant il est visible qu'elle n'entend pas, — il semble qu'il y ait deux morts dans cette chambre.

On a trouvé dans le kiosque — une lettre de Raoul à l'adresse de Marguerite.

Elle l'a lue avec avidité, puis l'a mise dans son sein.

La lettre est courte :

« Pardonne-moi, ma bien-aimée Margue-

« rite, — ce nouveau, — ce dernier chagrin
« que je te cause.

« Je ne puis plus rester dans la vie ; — je
« m'en vais. — Loin d'être pour toi un ap-
« pui, — je t'ai entraîné dans les précipices
« où ma mauvaise fortune, — où ma nature
« incomplète m'ont jeté. — De nouveaux
« gouffres sont ouverts sous mes pas. — je
« m'y précipite seul, — parce que tu vou-
« drais m'y suivre.

« Je te recommande à la chère tante Clé-
« mence, — elle sera ton ange gardien, —
« comme tu as été le mien.

« Pensez quelquefois à moi toutes les
« deux. »

Marguerite passa le jour et la nuit dans le
même fauteuil. — On n'ose la déranger, —
on espère qu'elle ne sent rien, — qu'elle ne
souffre pas, mais, dès le même jour, — on

vient pour enlever le cadavre, — Marguerite se laisse emporter dans une autre chambre.

— La tante Clémence supplie tout le monde de ne pas faire de bruit, — pour que sa malheureuse nièce ne comprenne pas les détails de ce qui se passe. — Bientôt elle rentre auprès de Marguerite, — qui lui dit : Raoul est parti ?

Clémence lui prend les mains. — Ma tante, dit Marguerite, — dans cette lettre qu'il a laissée pour me dire qu'il m'abandonnait, — il me dit de t'embrasser pour lui. — Viens que je t'embrasse.

Elles tombent alors dans les bras l'une de l'autre, — et le cœur *leur crève* en même temps ; — d'abondantes larmes se font passage, et restent longtemps dans cette mutuelle étreinte.

Le soir, — Marguerite veut aller prier sur

la tombe de Raoul. — Elle s'y dirige avec Clémence; — des enfants qui jouaient dans le cimetière, — se taisent et s'eloignent à la vue des deux femmes.

— Mon pauvre ami, — dit Marguerite — après avoir prié, — ma vie entière te sera consacrée, quoique tu m'aies quittée bientôt; — si je n'ai pu faire ton bonheur en ce monde, — j'expierai par mes prières l'offense que tu as peut-être faite à Dieu en abandonnant la vie; — ton souvenir remplira mon existence, — tous mes soins auront pour but de le garder présent. — Merci, mon Dieu! d'avoir gravé dans mon cœur cette foi si complète à l'immortalité de l'âme et à une autre vie. — Mon existence sera si austère et si innocente que vous me recevrez dans votre ciel, — au jour que vous avez marqué pour ma mort, — et, comme vous êtes juste et bon, — je retrouverai Raoul,

sans lequel — une vie éternelle serait l'enfer.
Mon pauvre ami, — mon bien-aimé, — repose en paix, — dans la mort, — je ferai seule la route qui doit nous réunir.

Le lendemain matin, il arriva un juge de paix qui mit les scellés partout. — Marguerite ne s'en préoccupa pas, pensant que c'était une formalité usitée.

Mais Clémence fit des questions, — et le juge de paix lui dit qu'il agissait au nom de madame Esther Desloges, née Seeburg, épouse légitime du défunt, et héritière de tout ce qui lui avait appartenu, — aux termes de leur contrat, qui les avait mariés sous le régime de la communauté.

Le juge de paix fit quelques questions à son tour à la tante Clémence, sur la situation de sa nièce : — il lui apprit que mademoiselle Seeburg avait été avertie de l'évènement par les soins de monsieur Leroux, maire de la commune ; — que tout appartenait à madame Esther Desloges, — qu'elle viendrait sans doute s'y installer pour la fin de l'automne, et qu'elle ferait bien d'emmener Marguerite pour lui épargner la douleur et l'humiliation d'être expulsée légalement.

Clémence alla donner ces détails à Marguerite ; elle lui expliqua que cette maison qu'elle avait payée, — qu'elle venait de racheter, — appartenait désormais à Esther, — Marguerite ne fit aucune observation, — et dit : Allons nous-en.

Quand on est frappé d'un grand malheur, il arrive comme aux criminels condamnés pour divers crimes, — les peines moindres se confondent dans la plus forte. — Le juge de paix, — honnête homme et homme compatissant, accéda volontiers à la demande de

Clémence qui le pria de les guider de ses conseils. — Il les autorisa à emporter leur linge et tout ce qui était marqué à leur nom. — Il s'engagea à faire promptement lever les scellés sur les meubles dont elles pouvaient prouver la possession par des quittances, — leur disant que cependant — elles pourraient plaider pour offrir la preuve que l'immeuble appartenait à Marguerite, — et que le gain du procès était possible. — Clémence refusa même d'en parler à sa nièce, et alla chercher un petit logement dans un faubourg à la porte de Paris. — Marguerite lui avait recommandé d'avoir à tout prix un petit jardin ; — elles allèrent encore à la fin du jour prier sur la terre qui recouvrait le corps de Raoul, — puis elles partirent. — Marguerite avait laissé faire les paquets à la tante Clémence, — elle avait pris dans le jardin certaines plantes que Raoul préférait et qu'il avait plantées et cultivées lui-même.

De l'héliotrope d'hiver, — tussilage odorant, et un rosier simple qu'il avait arraché à Saint-Ouen, en souvenir d'une si douce promenade qu'ils y avaient faite autrefois.

Elle ne mit pas autre chose dans le jardin du petit logement du faubourg, — où elles s'installèrent dès le soir.

Au printemps suivant, Esther Desloges recevait ses amis, — *plantait* la crémaillère, et donnait une fête à sa villa. — On avait tout changé, la maison et le jardin n'étaient plus reconnaissables. Monsieur et madame Leroux étaient de la fête, — et félicitèrent la femme légitime d'avoir expulsé la concubine, — et d'être rentrée dans sa maison.

Toute la société fit chorus ; — mais malgré cette lâcheté, Esther — fit bientôt dire qu'elle n'y était pas, quand Léocadie se présenta. — D'ailleurs elle épousa à l'expiration légale de son deuil, — ce monsieur qui l'accompagnait partout depuis assez longtemps, et qu'elle avait présenté comme un ami de son père.

Depuis, — le père Seeburg est mort, et Esther, qui s'appelle aujourd'hui madame Sorlain, est riche et heureuse, — et reçoit l'été une société nombreuse à la campagne; — l'hiver, elle n'y paraît pas.

Clémence et Marguerite, auxquelles il ne restait pas assez d'argent pour vivre, — brodent et festonnent ; — leur travail, joint aux quelques cents francs de revenu restés à Marguerite, suffit à leur vie simple. — Une fois chaque mois, — elles viennent ensemble prier sur la tombe de Raoul, et y apporter des fleurs ou des feuilles du tussilage et de l'églantier ; — ces deux plantes, seules dans le petit jardin, et obéissant à leur vigueur ordinaire, n'ont pas tardé à le remplir.

La douleur de Marguerite est calme, — elle attend ; — elles n'évitent ni l'une ni l'autre de parler de Raoul ; — loin de là, — elles s'entourent de tout ce qui le rappelle, — et en parlent sans cesse.

— Quel bonheur, dit la tante Clémence, qu'on ne se console pas. — Nous ne saurions plus pour quoi vivre.

———

Il y a deux ans, je me trouvais à Brest, — et je visitais le bagne. — Un homme, jeune encore, revêtu de la livrée des forçats, faisait partie d'un groupe. A ma vue, il recula précipitamment et se cacha au milieu de ses compagnons, — mais j'avais eu le temps de reconnaître Calixte Mandron. C'est ce que je ne savais pas encore, et n'aurais pu vous dire, si je n'avais pas interrompu précédemment le présent récit.

FIN.

Sceaux, Impr. de E. Dépée.

OEUVRES NOUVELLES

DE

ALPHONSE DE LAMARTINE.

Format grand in-8, cavalier, à 5 francs le volume.

NOUVELLES CONFIDENCES,

Un volume.

GENEVIÈVE,

Un volume.

TOUSSAINT LOUVERTURE,

Un volume.

Imprimerie Dondey-Dupré, rue Saint-Louis, 46, au Marais.

www.ingramcontent.com/pod-product-compliance
Lightning Source LLC
Chambersburg PA
CBHW050634170426
43200CB00008B/1005